性からよむ江戸時代

——生活の現場から

沢山美果子
Mikako Sawayama

岩波新書
1844

はじめに

史料のなかの声を聞く

今から二〇〇年ほど前の文化二年(一八〇五)、米沢藩領の小さな山村でのことである。夫婦不和のなかでできた子どもが夫の子か、それとも他の男との間にできた子か、妻と夫の間で争いになった。夫婦のもめごとは、双方の家、村を巻き込んだだけでは収まらず、藩の裁定を仰ぐこととなる。そこに、もめごとがなければ決して記録されなかっただろう当事者たちの言葉を記した文書が残された。妻のきやと夫の善次郎は、子どもが誰の子か、「夫婦の交わり」がいつまであったかを争う。

女と男の交わりがなければ子どもは生まれない。江戸時代の社会にあって女と男の性の営みは、女と男だけの問題ではなく家の問題であり、村、さらには藩の問題でもあった。江戸時代の女と男は、家、村、藩の社会関係のなかで生きていた――。残された文書からは、その現実がよく見える。

本書の目指すところは、きやと善次郎のような、一人ひとりの名前を持った女と男の性の営みを、当事者たちの生活の現場に即して、人々が生きた痕跡の記録である史料のなかに探ることにある。それは、史料をまるごと読み、細部に眼を凝らし、そのなかから聞こえてくる声に耳を澄ますことで、人々の歓びや希望、不安や葛藤を明らかにし、リアリティのある歴史を描く試みでもある。

女と男の性の営みは、人類がいのちをつないでいくための根源的な営みである。そして性の営みにも歴史がある。本書が対象とするのは、徳川幕府が開かれていた江戸時代、とくにその後期の一八世紀後半から一九世紀前半の時代である。

江戸後期は、性の営みやいのちの問題を考えるとき、大きな画期をなす時代だった。この時代に、人々のいのちを守る基盤となる「家」が民衆のなかにも成立する。家を子孫に引き継ぐために、子どもと子どもを産む女のいのちを守ろうとする意識が高まり、医者や産婆が各地域に登場する。一方、家を維持するために、子どもの数を減らしたり、出生間隔をあけたり、時には、堕胎、間引き、捨て子をする、など少子化への志向が見られる。幕府や藩は、人々の出生コントロールへの意思を取り締まり、人口を増やすために、妊娠・出産を把握し、堕胎・間引きを監視する仕組みを作った。そうしたなかで、これら生活に根ざした史料が各地に残された。

解明を待つ「日常の性」

ところで、史料をもとに論じる歴史研究において、人々が日々生活し、生きていくことの根底にある「からだ」と「こころ」がテーマとなったのは一九九〇年代、「性」がテーマとなったのはそれよりさらに遅く、二〇〇〇年以降のことである。江戸時代をめぐる研究も例外ではない。とりわけ、民衆の女と男の日常的な性の営みは、ほとんど取り上げられずにきた。

読者のみなさんは、江戸時代の性というと、おそらく、浮世絵や春画、文学に描かれる性愛、あるいは吉原や遊女というイメージを持たれるのではないだろうか。確かに、江戸時代の性についての今までの研究では、それらの性風俗を扱ったものが多かった。しかし、本書が対象とするのは、江戸時代の村や町に生きた、普通の個人の日常生活のなかでの女と男の性の営みである。また、おもな手がかりとするのは、家や村に残された文書群や日記といった文字史料である。

民衆の女と男は、歴史の表舞台に出ることはなく、彼ら自身が記録を残すことは稀である。だが、きやと善次郎の言葉が残された文書は、掘り出されること、発見されることを待っている史料があることを教えてくれる。本書では、一人ひとりの女と男の性のレベルまで降りて、それらの文書を読み解き、江戸時代の女と男の性生活や性知識、性意識を探る。そのとき、生きていくための性の営みをめぐる女と男のドラマが浮かび上がってくる。そして、一見、生物学的衝動のように見える女と男の性の営みにも歴史があることが見えてくるだろう。

きやと善次郎は、第二章の主人公である。本書では、交わる、孕む、産む、堕ろす、間引くといった性の具体的局面に沿って探ってゆく。第一章では、妻との交合を克明に記録した俳人の小林一茶の性意識を、第三章では、一関藩の医師・千葉理安《りあん》の診療記録に見る出産と堕胎の現実を、第四章では、出雲の町人・太助の日記や遊女の検挙記録から、家の女と遊所との地続きの関係を探る。

それら個々の局面を重ね合わせてみたとき、どのような江戸時代の性の全体像が浮かび上がるのだろう。第五章ではその全体像を描き出すことに挑戦するとともに、近代への見通しも示してみたい。

一人ひとりの女と男の性の営み、生殖、性愛をめぐる具体的経験に焦点をあてる試みは、現代を生きる私たち一人ひとりが持つ、性をめぐる常識や通念を問い直す豊かな手がかりを与えてくれることだろう。

目次

性からよむ江戸時代

はじめに

第一章　交わる、孕む――小林一茶『七番日記』……1
1　交合を記録する一茶　2
2　一茶と菊の性の営み　10
3　性と禁忌　20
第二章　「不義の子」をめぐって――善次郎ときやのもめごと……27
1　村・藩を巻き込んだ騒動　28
2　裁定の背景　44
3　善次郎ときやの、その後――家、村、藩　48
第三章　産む、堕ろす、間引く――千葉理安の診療記録……59

1 記録された産の現場 60
2 産と堕胎の両義性 74
3 堕胎を試みる女たち 83
第四章 買う男、身を売る女――太助の日記 91
1 性買売の大衆化 92
2 「隠売女」の出自を探る 104
3 売られる娘 127
第五章 江戸時代の性 137
1 生類憐み政策から妊娠・出産管理政策へ 140
2 養生論にみる性意識 151
3 農民にとっての家と「仕合」 156
4 江戸時代から近代への転換 161

おわりに――生きることと性　169
主要参考文献および史料　177
あとがき　187

第一章　交わる、孕む――小林一茶『七番日記』

1　交合を記録する一茶

夫婦の性の記録はなぜ書かれたか？

江戸時代には、武士だけでなく商人、職人、農民まで、すべての身分において日記をつける人々が登場し、とくに一八世紀、一九世紀には数量もふくめしだいに多くなっていく（深谷克己『近世人の研究』）。しかし、これら多数の日記のなかで夫婦の関係、とくに性関係を記したものは、ほとんど見られない。膨大な文書や日記をもとに一八世紀後半から一九世紀半ばの二つの家族の生活史を描いた藪田貫は、家族関係のなかで夫婦の関係がもっともわからないという（『男と女の近世史』）。

では、果たして江戸時代の日記のなかに、夫婦の性生活や性意識を記したものなどあるのだろうか。そう思っていた私にとって、夫婦の性生活を丹念に記した小林一茶の『七番日記』の存在とその内容は、驚くべきものだった。そう思ったのは、私だけではない。

『小林一茶』と題する芝居の脚本を書いた井上ひさしは、「あの『七番日記』の有名な「交合の記録」を読んでいると、教科書の一茶と性交の回数を必死になって記録している一茶とがどうしても結びつかなくて」と述べている。

しかも『七番日記』は、単に一茶と妻の「交合の記録」にとどまらない内容を持つ。「月水」(月経)をはじめ女性の身体や、夫婦の性についての意識、夫婦の心情をも読み解くことのできる貴重な記録でもある。

この『七番日記』執筆の意図を探ったものに、歴史学の観点から新たな一茶像と彼が生きた時代を描こうとした青木美智男の一連の研究がある(『一茶の時代』『小林一茶　時代をよむ俳諧師』『小林一茶　時代を詠んだ俳諧師』)。一茶は、宝暦一三年(一七六三)五月五日に信濃国水内郡《みのちぐん》柏原宿《かしわばらしゅく》(現・長野県上水内郡信濃町)の百姓弥五兵衛の長男として生まれた。

その一茶について青木は、農業労働の過酷さを身をもって体験するなかで、「社会が生産労働、中でも農業労働によって成り立っているという基本的原理を身につけ」た人物とする。しかし一茶はそれゆえに「生涯、生産から遊離した「遊民」としてのコンプレックスに悩みつづけ」、だからこそ「農民感情を第一に農民によりそいながら生き続け」、その日の出来事と詠んだ句を克明に記録した稀有な俳諧師となった。青木は一茶をそう性格づける。そして、おそらく多くの人が小学校や中学校の国語の時間で学んだ「痩蛙《やせがえる》まけるな一茶是《ここ》に有」「雀の子そこのけそこのけ御馬《おうま》が通る」といった句も、若いころから村の百姓たちの暮らしを見つめてきた目線を、子どもや小動物にもそそいだとみるのが自然とする。

一茶は、生涯を通じて毎日の出来事をメモし、三〇代に書き始めた『寛政句帖』から亡くなる六五歳寸前の『文政九・十年句帖写』までが残る。そのひとつ、四〇代から五〇代のときに記された句日記が『七番日記』である。

では、一茶は、なぜこのように身のまわりの出来事を記録し続けたのだろうか。それは、巡回俳諧師である一茶にとって、江戸や各地の事件を記録し、別の土地に行ったときに情報として伝えることが、商売上欠かせなかったからとされる。なかでも多いのは、男女の情交に関わる事件の記録で、一茶が女と男の関係に深い関心を寄せていたことがうかがえる。

一茶の結婚

一茶は、柏原村では中の上に位置する家に生まれ、一五歳で江戸に奉公に出されて俳諧を覚え、やがて江戸の町はずれで業俳《ぎょうはい》(俳句の優劣を判定し、その報酬で生活する俳諧師)として生計を立てた。柏原に帰郷するのは、継母・弟との一三年にわたる遺産争いの一部和解が成立した文化九年(一八一二)の暮れである。本百姓の身分を得て「宗門改帳《しゅうもんあらためちょう》」にも一家として記載されるに至った一茶は、文化一一年四月、生母の実家の親戚にあたる富農、野尻宿の新田赤川（現・信濃町）の常田《ときた》九右衛門の娘で、五二歳の一茶とは親子ほど年の違う二八歳の菊を妻に迎える。

このときの心境を、一茶は次のように記している。

五十年一日の安き日もなく、ことし春漸《ようや》く妻を迎へ、我身につもる老を忘れて、凡夫の浅ましさに、初花に胡蝶の戯《たわむ》るゝが如く、幸あらんとねがふことのはづかしさ、あきらめがたきは業《ごう》のふしぎ、おそろしくなん思ひ侍《はべ》りぬ

（「俳文拾遺」文化一一年四月）

そして菊との結婚から二年経った文化一三年には、次のような句を詠んでいる。

こんな身も拾ふ神ありて花の春

（『七番日記』文化一三年一月）

菊は働き者で、門人指導で外泊の多かった一茶の留守を守り、家事から畑仕事まで、女手ひとつでやってのけた。

『七番日記』は、一茶が故郷に戻り家族を持つこととなる四八歳から五六歳（文化七年正月〜

同一五年一二月)まで書かれた。このほか、『七番日記』後の日記として『八番日記』(文政二年〜同四年)、『九番日記』(文政五年〜同八年)がある。これらは、いずれも句帖だが、一茶自身が番号を記したのは『七番日記』のみで、『八番日記』『九番日記』は、後の人によって名付けられたとされる。最後の『九番日記』には菊が死に至るまでと性交の記録が含まれているので、あわせて読み解いていく。

一茶と菊の子どもたち

最初に、一茶と菊の子どもたちの誕生と死にふれておこう。一茶は菊との間にもうけた三男一女すべてを幼くして亡くす。長男千太郎は発育不全のため生後二八日で、長女さとは疱瘡《ほうそう》のため一歳二カ月で、二男石太郎は生後九六日で窒息死し、三男金三郎《こんさぶろう》は下痢による衰弱のため一歳九カ月で死去する。四人の子どもの死は、江戸時代の子どもたちのいのちの脆《もろ》さを物語る。このうち、「長寿せよ」と名付けた石太郎、「石よりも丈夫に」と名付けた金三郎の死について、一茶は文章を残している。

石太郎の死については、生後百日をこえ、赤子の首がすわるまで背負うなとの禁止を破り菊が負ぶったために赤子が死んだ(「此《この》さゞれ石、百日あまりにも経て、百貫日のかた石となる迄《まで》、必《かならず》よ背に負ふ事なかれと日に千度いましめけるを、いかゞしたりけん、生まれて九十六日といふけふ、朝とく背負ひて負ひ殺しぬ」)と、菊を責める言葉を書き記す。また「金三郎を憐む」では、病気で菊の乳が出なくなったため乳母に預けられた金三郎の死について、乳が出ず水ばかり飲ませていた乳母のせいだと激しく非難している。知人の生後三日の女の赤子の、乳を与えない「乾殺」による死を「哀ナルハ赤子也」(文化一四年)と記した一茶が、乳不足による金三郎の死に激しい憤りを覚えたことは想像に難くない。

江戸時代にあっては、母のいのちも脆いものであった。菊は、文化一三年(一八一六)から文政五年(一八二二)の七年間に、ほぼ二年の間隔で四人の子どもを産み、三七歳で死去する。菊と子どもたちの死は、一茶の梅毒に菊が感染し、四人の子どもたちも生まれつき虚弱児だったためとの指摘もある(北小路健)。ちなみに一茶は、文化一四年の門人への手紙で、全身に皮癬《ひぜん》(疥癬)という腫れ物ができ、「吉田町 廿四文《にじゅうよんもん》でもなめたかと思はれん」と記している。

江戸の吉田町は、夜鷹《よたか》という最下層の売女《ばいじょ》たちの働き場であり、そのほとんどは瘡毒《そうどく》(梅毒)にかかっていた。江戸の風俗を記録した『守貞謾稿《もりさだまんこう》』(喜田川守貞、天保八年[一八三七]〜慶応三年[一八六七]頃)には、吉田町の夜鷹たちが、瘡毒のため鼻が取れ、身体も不自由になりながら、敷物を抱え辻に立って「おいで〳〵」と男を呼び、からだを売る様が描かれている(図1)。

図１　夜鷹（喜田川守貞『守貞謾稿』より．国立国会図書館所蔵）

一茶はしばしば下層の売女たちを詠んだ。「木がらしや廿四文の遊女小家（小屋）」の句は、夜鷹たちが夜なきそば一六文と大差ない安価でからだを売る現実を描き出す。その最下層の売女たちを買うのは、一茶のような都市下層の単身の男たちであった。

子宝を求めて？

さて一茶の性と生殖をめぐって青木美智男は、「一茶が何よりも優先したのが子宝に恵まれること」であり、『七番日記』で赤裸々に記述された菊との性生活や強精植物の採集への奔走は、子ども欲しさゆえの焦りとする。確かに一茶は、菊との結婚について「五十年一日の安き日もなく、ことし春漸く妻を迎へ」と記したように、菊と結婚するまでは、売女を買う以外には性欲を満たす手段もなく、満足な性生活や心安らかな生活を送ることはできなかっただろう。そして『七番日記』には、強精植物の採集や強精剤服用についても、しばしば記されている。

遺産争いの末に、ようやく家を継ぎ、菊と結婚した一茶とすれば、自らの子どもに小林の家を継がせたいという気持ちが人一倍強かったことは容易に想像がつく。また当時としては遅い年齢で結婚した菊にとっても、子を産むことは妻のつとめとして意識されていたことだろう。しかし、一茶が夫婦の性生活や、強精植物の採集、強精剤の服用に求めたもの、そして交合の克明な記録の目的は、「子宝に恵まれる」ことだけだったのだろうか。

『七番日記』には、菊の月水や労働、里帰りなど、菊についての記述も多く見られ、「女性の身体性にまで注目したという意味でも大変貴重な記録」(鈴木明子)とされる。では、なぜ一茶は、交合のみならず月水や妊娠など菊の身体をめぐる事柄も含め記録したのだろう。菊は若く、一茶は門人の指導で長く留守にすることも多かった。とすれば、菊の妊娠が一茶との性関係の結果かどうか、生まれてきた子が本当に自分の子かどうかを確認する必要があったのではないか。菊と一茶という女と男の関係性にも着目した読み解きが求められる。

そこでここでは、菊の月水、妊娠、出産という女の身体にも注意を払い、一茶と菊の交合を時系列にそって見ていくタテ軸、そして子宝を得る生殖のための性と、快楽のための性とは、一茶と菊のなかでどのような関係にあったのか、二人の性意識に着目して見ていくヨコ軸を交差させ、『七番日記』を読み解いていこう。

2　一茶と菊の性の営み

月水と交合

表1は、菊の月水、一茶と菊の交合、妊娠、出産、そして強精植物の採集や強精剤服用についての記事を整理したものである。まず、月水の記述から見ていくことにしよう。菊の月水の記録は、文化一一年(一八一四)、同一二年にそれぞれ一回、同一三年に三回の計五回ある。しかし、そこには「妻月水」「キク月水」とあるだけで、月経の始まりを指すのか、月経中を指すのかは定かでない。ただ「月水」と記されたときの交合の記録はなく、月経のときには交合をしなかったことは確かである。

では、月水の記録と強精植物の採集や服用、そして交合の記録を重ね合わせてみると、どのようなことが見えてくるだろう。一茶は、文化一三年四月一四日の千太郎誕生後、五月二日に「黄精《おうせい》」を摘む。が、虚弱に生まれた千太郎は、生後二八日目の五月一一日の寅刻(午前四時)に死んでしまう。一茶は、それから半月ほどたった五月二六日に「婬羊藿《いんようかく》」を採るために山に入っている。その後は一茶が五月末から六月にかけて外出したためか、交合の記録はなく、八月六日に「キク月水」とある。

八月七日に菊は実家に帰るが、八日に戻ってくる。その日は、「夜五交合」とあるから、菊の月水は終わっていたのだろう。その後、一茶と菊は、八月一二日から二一日まで、ほぼ連日のように交合し、その回数は三〇回に及ぶ。交合の部分を『七番日記』から抜き出してみよう。

文化一三年八月
八晴　菊女皈《かえる》　夜五交合
十二晴　夜三交
十五晴　三交
十六晴　三交
十七晴　墓詣　夜三交
十八晴　夜三交
十九晴　三交
廿晴　三交
廿一晴　四交

表1　一茶と菊の性の記録(『七番日記』『九番日記』より)

年　月　日	記　　事	月水	交合	妊娠	強精
文化11年					
4月11日	菊と結婚(一茶52歳，菊28歳)				
8月〜12月25日	一茶，江戸旅行				
12月28日	菊月水	○			
文化12年					
5月　2日	「婬羊霍」を採る				○
7月10日	菊月水	○			
8月16日	菊に「弓黄散」を用いる(妊娠2カ月)			○	
8月末〜12月	一茶，江戸旅行			○	
文化13年					
1月21日	墓詣　夜交合(父の月命日)		○	○	
4月14日	**長男・千太郎出生**				
5月　2日	「黄精」摘む				○
5月11日	**長男・千太郎死亡**(生後28日)				
5月26日	「婬羊霍」を採りに紫山へ				○
8月　6日	菊月水	○			
8月　8日	夜五交合		○		
8月12日	夜三交		○		
8月15日	夫婦で月見　三交		○		
8月16日	三交		○		
8月17日	墓詣　夜三交(母の月命日)		○		
8月18日	夜三交		○		
8月19日	三交		○		
8月20日	三交		○		
8月21日	四交		○		
閏8月1日	菊月水	○			
閏8月29日	菊月水	○			
9月〜翌年7月	一茶，江戸旅行				
文化14年					
8月14日	墓詣　三交		○		
8月15日	二交		○		
11月11日	菊，妊夢を見る(妊娠4カ月)			○	
12月　3日	「黄精」を酒に漬ける			○	○
12月11日	「黄精」を食べ始める			○	○
12月12日	「神仙丹」を二服			○	○
12月15日	暁一交		○	○	
12月16日	「神仙丹」を四服			○	○
12月21日	暁一交		○	○	

12月23日	旦一交		○	○	
12月24日	旦一交		○	○	
12月25日	旦一交		○	○	
12月29日	五交		○	○	
文化15年					
1月 8日	旦一交		○	○	
3月21日	菊，出産間近．一茶，菊の実家に同行			○	
4月25日	菊，男子を産む夢を見る			○	
4月27日	菊，安産した夢を見る			○	
5月 4日	**長女・さと出生**				
6月22日	「蒼朮」掘る				○
8月14日	墓詣 「黄精」掘る				○
8月17日	墓詣 「黄精」掘る				○
9月 7日	「竹節」掘りに入るが，なし				○
9月22日	「竹節」掘るが，なし				○
文政2年					
6月21日	**長女・さと死亡**(1歳2カ月)				
文政3年					
10月 5日	**二男・石太郎出生**				
文政4年					
1月11日	**二男・石太郎死亡**(96日)				
文政5年					
1月 3日	寅刻に菊との交合始め(妊娠7カ月)		○	○	
1月 9日	夜交		○	○	
1月12日	夜交(前日，石太郎の1周忌)		○	○	
1月13日	旦交(翌日，祖母の月命日)		○	○	
1月17日	旦交		○	○	
1月19日	旦交		○	○	
閏1月19日	菊，子を産む夢を見る			○	
3月10日	**三男・金三郎出生**				
6月 7日	菊，痛風になる				
文政6年					
5月12日	菊死亡				
12月21日	**三男・金三郎死亡**(1歳9カ月)				

千太郎を亡くしたあとの強精植物の採集と月水後の交合の回数の多さは、子を亡くした悲しみを紛らわすとともに、次の子を求めてのものだったのだろうか。また月水の後は、妊娠する確率が高いと考えられていたのだろうか。

しかし、九日間で三〇回の交合は妊娠に結びつかなかった。閏《うるう》八月一日、閏八月二九日には「キク月水」とある。二度にわたる月水の記録は、連日の交合にもかかわらず、菊が妊娠しなかったことへの一茶の落胆を示すかのようである。一茶には、月水があった場合は妊娠ではないという知識があったとみてよいだろう。

月水と懐妊

元禄五年(一六九二)に初版本が出されて以後版を重ね増補され、江戸時代を通じて広く女子の懐本として流布した『女重宝記大成《おんなちょうほうきたいせい》』第三巻「懐妊の巻・子そだてよう」には、懐妊に適した時期や、懐妊の兆候と月水との関係についての認識が示されている。「子を求むる秘密の事」には、「月行《けいこう》(月経)は三十時を定数《さだまり》にして……月候(月経の兆候)すでにつきんとする二十八九時が、子を孕《はら》むべき佳時《よきとき》也」とある。月経が終わるころが妊娠しやすいという女訓書の記述と、菊の月経が終わったころになされた一茶の交合の記録との重なりは興味深い。

それだけではない。同じ信濃国の北安曇《きたあずみ》郡会染《あいそめ》村（現・池田町）で発見された、明和九年（一七七二）の『神秘天命伝《しんぴてんめいでん》』には、次のような記述がある（高橋梵仙）。

すべて、子を、身ごもるといふ、月水の後の、七日に、はらむものなれば、十四日を過ぎて、ことを行えば、子なし、しかれども、つねに血曽《ママ》の心あるは、妊《みごも》るものなり

月水が終わってから七日間の交合は妊娠する、一四日を過ぎると「子なし」とする『神秘天命伝』と、一茶の交合の時期もまた重なる。というのも、一茶の交合は、月水終了後の八月八日に始まり、「子なし」とされる八月二二日の前で終わっているからである。これらを考えあわせるなら、連日連夜の一茶の交合は、子宝を求めての交合といって間違いない。

強精植物の採集と強精剤服用

では、強精植物の採集や強精剤の服用は、どのような時になされたのだろう。その記録は、文化一二年（一八一五）に一回、同一三年に二回、一四年に四回、一五年に五回ある。一茶が採

集したのは、陽茎が怒る(勃起する)という意味から和名でイカリ草と名付けられた「婬羊霍」、和名でナルコユリという山野に自生するヤマイモ科の蔓草で地下茎を用いる「黄精」、和名でウケラ・オケラという強精と胃病に効く薬草の「蒼朮《そうじゅつ》」、そして朝鮮人参の代用として根茎を薬用にする咳止めと強精の「竹節」。服用するのは、強精剤の「神仙丹」である。

これら強精植物の採集、強精剤服用の時期と連日連夜の交合の記録を重ね合わせてみよう。

連日連夜の交合の記録は、文化一三年八月八日から二一日、同一四年一二月一五日から二九日、文政五年一月三日から一九日の三回ある。

先に見たように、長男千太郎の死の前後に一茶は「黄精」を摘み、「婬羊霍」を採り、交合に至っている。これが一度目だ。

妊娠中の交合

二度目の連日連夜の交合についてはどうだろう。文化一四年一一月一一日に、菊から妊娠した夢を見たと聞いた一茶は、「黄精」を酒に漬け、一二月一一日に食べ始め、一二日に「神仙丹」を二服服用し、一五日に「暁一交」している。その後、一六日には菊の実家から「神仙丹」四服が送られ、二一日から二九日まで、五日間で九回交合をしている。ここも『七番日記』から交合の部分のみを抽出しておこう。

文化一四年一二月
廿一晴　　暁一交
廿三晴　　旦一交
廿四雪　　旦一交
廿五雪　　旦一交
廿九晴　　五交

一茶は、文化一三、一四年の交合について「暁一交」「旦一交」「夜三交」などと書き分けている。それに対し単に「五交」とだけあるのは、「暁」(未明)、「旦」(早朝)、「夜」ではない昼、あるいはいつとは限らない交合という意味だろうか。二度目の交合は、夜を除く、暁、朝、昼の交合であった。

これも子宝を求めての交合だったのだろうか。その後、菊は長女のさとを産む。文化一五年三月二一日、菊の里帰りに同行した一茶は、「菊女七月孕ミテヨリ二百七十日ナレバ出産近キニヨリ頼㆓赤川㆒一茶同道」と記している。一茶は菊が七月に妊娠し、また妊娠から二七〇日になるので出産が近いと認識していた。

とすると、一二月一〇日からの強精剤の服用と暁、朝、昼の交合は、菊が七月に妊娠していると知ったうえでの交合であり、子宝を得るためではない。快楽のためだろう。では、菊が一茶の快楽のための求めに応じたのだとすると、それは菊にとって負担だったのか、それとも快楽だったのか。そこまではわからない。ただ夜の交合がないのは、あるいは妊娠中の菊の身体をいたわってのことだったのだろうか。

文化一五年五月四日、菊はさとを産む。その後も一茶は、六月、八月と「蒼朮」「黄精」を掘り、九月には二度「竹節」の採集を試みている。このときの強精植物の採集は子宝を求めてのものだったようだ。

一〇月に一茶は「神〱やことしも頼む子二人」の句を読んでいる。さとが生まれてすぐ、あと二人子どもが欲しいというのである。家の存続には子どもが三人欲しいという一茶の願望が見てとれる。しかし、さとは、その願望も虚しく、文政二年六月二一日、疱瘡のため一歳二カ月で死んでしまう。

妊娠中の交合、再び

三度目の連日連夜の交合は、石太郎が生後九六日で死んだ翌年、『九番日記』文政五年正月三日の「寅刻菊始」に始まり、九日から一九日にかけて記録される。ここも『九番日記』から、交合の記録のみを抽出しておこう。

文政五年正月
三晴　寅刻菊始
九晴　夜交
十二晴　夜交
十三晴　旦一交
十七晴　旦交
十九雪　旦交

菊は三月一〇日に金三郎を産んでいる。逆算すると、交合が記録された正月には、すでに妊娠七カ月になっていた。三度目の連日の交合も菊の妊娠を知ったうえでの交合であった。

交合の記録と、菊の月水、妊娠、出産、そして強精植物の採集や強精剤の服用とを重ね合わせると、そこには、妊娠中の交合も含まれる。交合の目的は、青木美智男が言う「子宝に恵まれること」を求めてというだけではなかった。では、妊娠中の交合は、性欲を満たすためだったのかというと、ことはそう単純ではない。そこに浮かび上がるのは、子宝への願望＝生殖のための性と性欲の充足＝快楽としての性の両方を求める一方で、快楽としての性を戒める禁忌を意識する女と男の姿にほかならない。

3　性と禁忌

禁忌への恐れ

一茶と菊、とりわけ菊は、快楽を求めての男女の交合を戒める禁忌を強く意識していた。文化一三年(一八一六)正月二一日、亡父弥五兵衛の月命日で墓参りをした夜、一茶は妊娠八カ月の菊と交合する。その夜の出来事について一茶は「昨夜、窓の下の茶碗、小茶碗が誰もさわらないのに微塵に壊れ、菊は「怪霊」なことだと言い、股引《またひ》きと褌《ふんどし》を洗った」と記す。

菊は、亡父の命日や妊娠中の交合は忌むべきという禁忌を犯したために怪しい出来事が起きたのではないか、妊娠している胎児が損なわれるほど激しく交合したのではないかとの意識から、自分の股引きと一茶の褌を洗い浄めたのであった。菊の行為からは、禁忌の日に、快楽を求めたことへの、さらに快感を感じてしまったことへのうしろめたさがうかがえる。そして禁忌を犯した報いであるかのように、千太郎は生後わずか一カ月に満たず夭折する。

怪異なことをめぐる記述は、文化一四年一二月一八日にも登場する。一七日の一茶の亡母の月命日に菊は数珠袋《じゅずぶくろ》をなくす。数珠袋は、翌朝「箱ノ間」から出てきたが、血が点々と付いており、菊は「怪異」なことだと言う。一茶と菊は、亡母の月命日には交合しなかったが、前々日の一五日に「暁一交」している。このとき菊は、妊娠五カ月であった。菊は、妊娠中と血の穢《けが》れの禁忌を破ったため「怪異」なことが起きたと思ったのだろう。しかし一茶と菊は、その後も連日のように交合を重ね、妊娠中に怪異なことが起きたあとに生まれたさとも乳児のうちに死ぬ。二つの怪異な出来事は、あたかも、千太郎とさとの死の予兆であるかのように記される。

「怪霊」「怪異」な出来事を恐れる菊の行為は、迷信を恐れるかのようにみえる。そのためだろう、これまでの一茶研究では、一茶と菊を、「ともすると神罰仏罰に結びつけてみなければ安心ならぬ俗信家夫婦」（北小路健）と評してきた。しかし、その背後には家を絶やさぬことを目的とする生殖のための性は肯定するが、快楽としての性を忌む禁忌の広がりがあった。そのことは後でふれたい。

もっとも一茶と菊では、命日や妊娠中の交合についての禁忌への意識の度合いは異なっていた。菊は、禁忌をやぶったために怪異なことが起きたと意識しているが、一茶には、そうした意識は薄い。一茶は、文化一三年八月一七日の亡母の墓詣のときにも「夜三交」し、同一五年八月一四日、一七日の墓詣には、黄精を掘っている。

五二歳という遅い年齢でようやく結婚した一茶にとって、祖先の祭祀である墓参りと、祖先の祭祀を絶やさぬために子宝を得ることは、家長である自らに課せられた重要な役割であった。一茶は、外出していない限りは、一四日の祖母かな、一七日の亡母くに、二一日の亡父弥五兵衛の月命日には墓参りをしている。

その墓参りの日に交合し、強精植物を採集することは、子孫を絶やさず、家を維持・存続させるための営みとして、また性的快楽への願望も、西鶴が言うような「世に住むたのしみのひとつ」(『西鶴置土産』巻四)として合理化されていたのではないだろうか。少なくとも禁忌を犯すことへの罪悪感は、菊ほど強くなかったように思われる。それゆえにというか、妊娠している菊の身体へのいたわりよりは、自らの性的欲望の充足が優先されている。

『七番日記』には、菊と一茶の意識のズレが垣間みえる記述もある。千太郎を亡くして三カ月ほど経った文化一三年八月二日のことである。菊はどこかに出て行ってしまう。一茶は、古間《ふるま》川まで探しに行くが見当たらず、あとで聞くと、菊は家の隅で洗濯をしていたと言う。翌三日には、一茶が春にさし木をした木瓜《ぼけ》が青々と葉を出したのを菊が怒って引っこ抜いてしまう。その後、菊は気をしずめ、さし木をもとにさしたが、これが根づいたら不思議なことだと一茶は皮肉まじりに記している。

この一連の出来事からは、四月に出産してから一カ月も経たないうちに千太郎を亡くし、七月には一茶の瘧《おこり》(マラリアの古名)の看病をしつつ、農業と家事を行ってきた菊の、気の安まることのない日々のなかでの鬱屈した思いが見てとれる。

禁忌と「家」

さて、菊が意識した快楽としての性を忌む禁忌とはどのようなものだったのだろう。江戸後期には、江戸前期の『養生訓《ようじょうくん》』(正徳三年[一七一三])や『女重宝記《おんなちょうほうき》』(元禄五年[一六九二])、『男《おとこ》重宝記《ちょうほうき》』(元禄六年)から、性行為に関わる禁忌、とりわけ夫婦交合の禁忌を取り出した写本や刷物が流布していく。

その一つに会津藩代官領小坪村（現・神奈川県逗子市小坪町）名主が出した「夫婦交合の掟」（文化一四年［一八一七］）がある。そこには交合を慎むべき日が多く記されるほか「女の月水のうち、まじはりて子をはらむ時ハ、出生らい病と成」とされる。この「夫婦交合の掟」は夫婦の交合を忌む禁忌が、村役人層によって広められたことを示す。

もう一つは「飛驒桐山」の施印がある、江戸後期のものと思われる一枚刷りの「男女交接禁《なんにょこうせつきん》忌《き》の日」である。この刷物には「古人の書にもとづきて緊要《きんよう》なるものを書載《かきのせ》申候、私《わたくし》のかうがへ（考え）とゆめ〳〵おもふべからず」とある。「古人の書」とは、内容の類似性から貝原益《かいばらえき》軒《けん》の『養生訓』とみて間違いない。ともに、性交を忌む場所と時期を記し、禁忌の日に交接すると夫婦はいのちを縮め、生まれる子どもも幼死するなどの災いにみまわれると説く。性交を忌む日とされるのは、天変地異の日、父母先祖主君の忌日、酒に酔ったり疲れているとき、病中病後、冬至の前後、月経、妊娠中、産後百日などである。

しかし、「男女交接禁忌の日」では『養生訓』に比べて、性交を忌む日が大幅に、しかも一月から四月の農閑期と五月の農繁期に増加するなど、農事暦を意識したものとなっている。また「男子《おとこ》ハ二十歳《はたち》已前《よりまえ》、女子《おんな》ハ十五歳以前《まえ》」、つまり結婚前は「交接《いろごと》」してはいけないとし、忌む日に交接した場合は、「生《うま》るゝ子不孝《ふこう》か不忠《ふちゅう》か短命《いのちみじかき》か、病身《びょうしん》になるべし」と、『養生訓』

にはない「不孝」「不忠」の文言が登場する。いわば、より家の維持・存続と結びつける形で交接の禁忌が説かれる。

また江戸後期には、人々に性知識を知らせる『枕文庫』（文政五年［一八二二］～天保九年［一八三八］）が刊行される。『枕文庫』は、それまで性知識を庶民に知らせる本は皆無だったことや、挿図を豊富に使ったわかりやすい内容だったために、空前のベストセラーとなる。著者の渓斎英泉《けいさいえいせん》は、下級女郎屋を江戸の根津で営んだ人物でもあった。

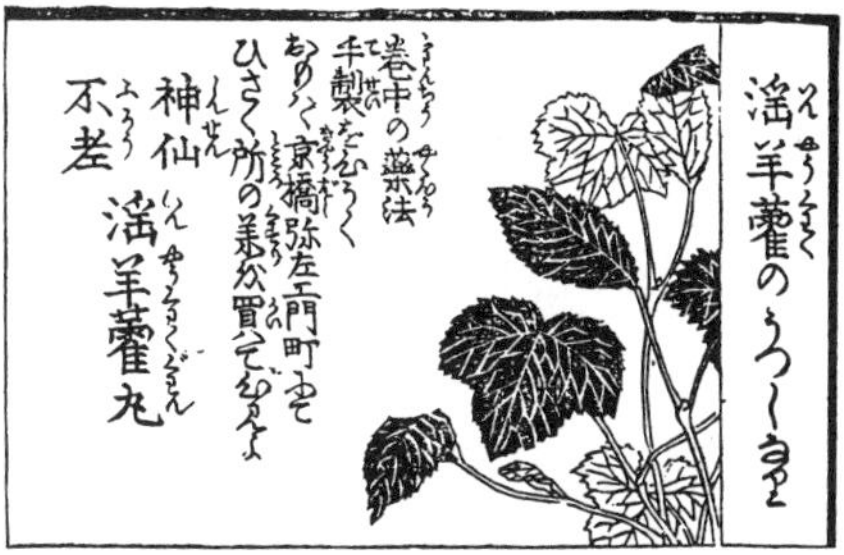

図２　強精植物「婬羊霍」（渓斎英泉『枕文庫』より）

この『枕文庫』には、一茶が用いた「婬羊霍」が強精の妙薬として紹介され（図2）、その名の由来は「羊此《この》草を食する時は、婬交すること一日に百度いさゝかも労《つか》れたる姿をせず、故に婬羊霍とハよべるなり」とある。

注目したいのは、妊娠中に性交をしたらどうなるかを描いた「懐胎の腹中の図」（図3）である。そこには「玉茎半分はいりては小児かくべつに驚く事もなし、之ですら大に毒なり、兎角つゝしむべしといへり」とある。

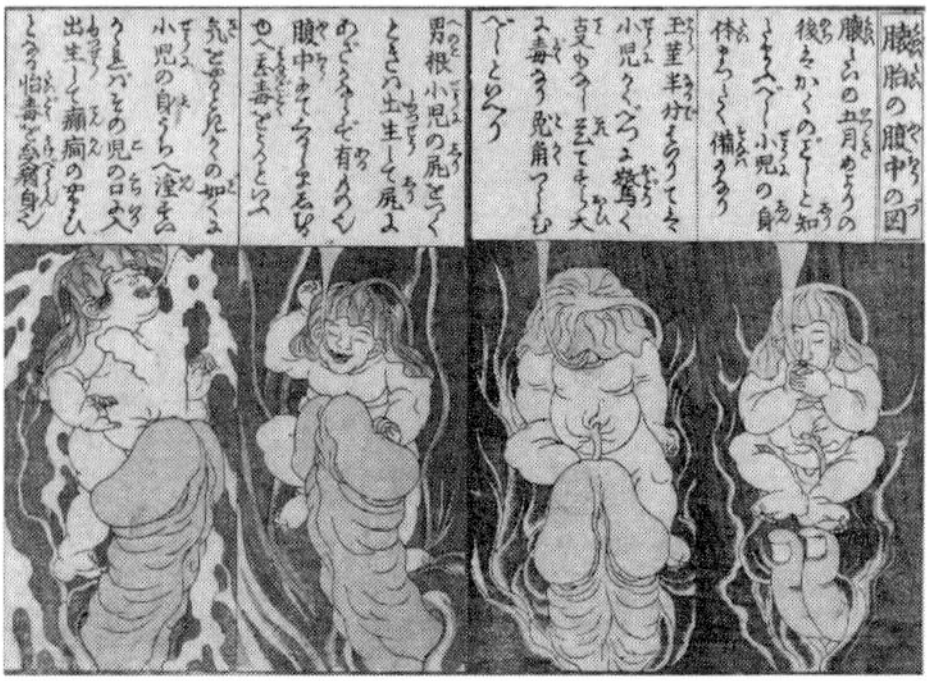

図３　「懐胎の腹中の図」（渓斎英泉『枕文庫』より）

また「男根が小児の尻をつくとき」は、出生して尻にあざがあるが、これは、腹のなかで苦しめたうえ、「甚《はなはだ》毒をうく」ためであり、「気をやるとき」（絶頂に達するとき）小児に「淫水」がかかると、それが口に入るため癲癇《てんかん》の病となり、胎毒を受け病身になるとする。つまり、懐胎中の性交は「大に毒」であり、生まれたあとの子どもも「病身」になるというのである。

一茶と菊が意識したのも、こうした禁忌であった。しかし、一茶と菊は、禁忌を意識しつつも交合を重ねる。一茶と菊の交合の記録は、家の維持・存続のための子宝を求めつつ、快楽としての性欲の充足も求める一方で、性交を忌む禁忌を意識する女と男の姿を浮き彫りにする。性の現場での経験に光をあてるとき、そうした性と生殖をめぐる江戸時代の女と男の矛盾や葛藤が見えてくる。

第二章 「不義の子」をめぐって

――善次郎ときやのもめごと

1　村・藩を巻き込んだ騒動

この子は誰の子？

生まれた子どもは夫の子か、それとも不義の子か。米沢藩領の山深い寒村でもめごとが起きた。文化二年（一八〇五）のことである。夫婦の不和から離別となった妻が産んだ子どもをめぐるもめごとは、夫と妻、そしてそれぞれの家だけでなく、双方の村まで巻き込んでの騒動となり、さらには藩の裁定を願うに至った。そこに当事者たちの言い分を記した史料が残された。

もめごとは、米沢藩領内の川内戸《かわないど》村（現・山形県置賜《おきたま》郡飯豊《いいで》町川内戸）大友次右衛門婿辰之助の養子、善次郎（二〇歳）と、岩倉村（同飯豊町岩倉）高橋藤右衛門の娘きや（二一歳）との間で起きた。二人のもめごとをめぐり、関係者それぞれの証言が残されている（図4）。一つは、川内戸村、岩倉村それぞれの村役人と、両村を含む中津川一四カ村を取りまとめる大肝煎《おおきもいり》と呼ばれる村政の責任者から藩の役人に出された、事件の経緯を述べた「書付《かきつけ》」である。二つは、当事者である善次郎ときや、善次郎の父辰之助、きやの父藤右衛門の証言（「御答《おこたえ》」）を記した「口書《くちがき》」で

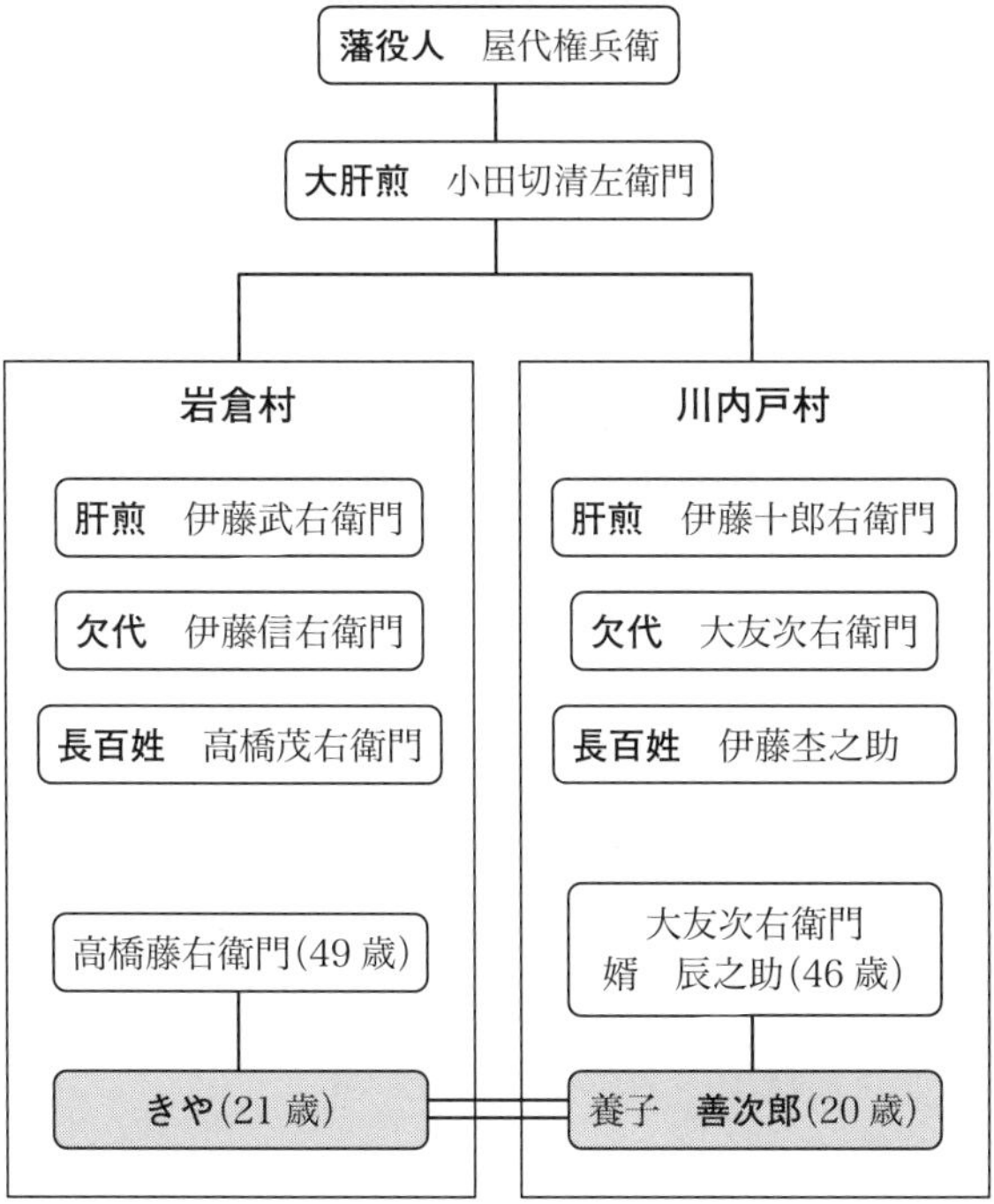

図４　善次郎ときやをめぐる人物相関図

ある。この「口書」には、「聞人《ききにん》」として当事者たちの証言の立会人となったそれぞれの村の村役人も署名をしている。三つは、藩による裁定への返書として、辰之助、善次郎、川内戸村の村役人から大肝煎に出された「請状《うけじょう》」である。

もめごとが起きた文化二年の翌年、文化三年の川内戸村の家数は七戸、人数は三七人、川内戸村の南西に位置する隣村、岩倉村の家数は三七戸、人数は二〇〇人である。隣り合う二つの小さな山村で起きたもめごとは、村人たちの間に波風を立てただけではおさまらず、藩の裁定をあおぐこととなった。通常は、家のなかでのいざこざは、できるだけ身内で解決し、たとえそれがこじれたとしても、村役人が仲裁をして内済となる。代官所まで乗り出してくることはめったにない。ところが、きやと善次郎の一件は、代官所まで乗り出し裁定することとなったのである。

生まれた子どもは果たして不義の子なのか。夫婦の性生活にまで踏み込んで争われた記録は、女と男の声が聞こえてくる稀有な史料でもある。さっそく、その現場に足を踏み入れてみることにしよう。

まず、この事件の経緯を記す「書付」から見ていきたい。川内戸村、岩倉村、それぞれの村役人から藩の役人に出された「書付」を重ね合わせてみると、ことの経緯がよくわかる。

文化元年(一八〇四)六月、善次郎ときやは夫婦不仲となり離別の方向で進んでいた。八月には二人の離婚をめぐって双方の親類が相談した結果、いったん家を出たきやを善次郎のもとに連れ戻している。しかし、二人の不仲の状況はその後も変わらなかったため、一二月初めにきやを実家に送り返した。ところがきやの父親が、妊娠した娘は受け取れないと論争になったというので、岩倉村肝煎伊藤武右衛門から川内戸村肝煎伊藤十郎右衛門へ問い合わせがあった。

しかし、双方の家の間の論争なので返事ができないでいるうち、きやの父から、子どもが生まれそうなので川内戸村肝煎、長百姓《おさびゃくしょう》が立ち会うよう、たびたび求めてきた。そこで、川内戸村肝煎、長百姓も出産に立ち会うなか、女の子が生まれたのである。

ところが、この女の子をどちらが引き取るかをめぐり、双方とも自らの主張を言い募ったため、両村の村役人たちでは調停できず、大肝煎、小田切清左衛門に申し出たのであった。大肝煎は、「人の命や生き死には大事なこと」(「人命死生之義専大切之事」)なので、どちらかが生まれた赤子を引き取るようにと申し付けた。しかし、それでも埒《らち》が明かず、仕方なく藩の裁定をあおぐこととなった。

村の統治機構

ここで村の統治機構にふれておこう。米沢藩の村方支配の構成は、「郡代《ぐんだい》―代官《だいかん》―肝煎《きもいり》―欠代《かんだい》―長百姓《おさびゃくしょう》」というもので、肝煎以下が村役人である。他の藩では庄屋《しょうや》や名主《なぬし》といわれる肝煎の語源は、「百姓のために肝を煎、心を尽くして取そだつるもの」(「郷村手引」『飯豊町史』上巻)にあるという。欠代は、組頭《くみがしら》と称したこともあり、肝煎の補佐役である。長百姓は、他藩でいう百姓代で、百姓の立場を代表する性格を持ち、百姓の相談に乗り、貢納の世話をする存在であった。村役人の役割は村民生活の全般にわたるが、貢納や産業奨励、普請《ふしん》、法度《はっと》などの領域が肝煎、欠代の役目であったのに対し、長百姓は、縁組、懐胎出生、衣服や家作など村人の日常の暮らしや風紀の取り締まりに関わることを担当した。これら村々の村役人をさらに総括する立場の者として大肝煎がいた。

岩倉村の村役人たちは、藩の役人に対し、「きやの父の藤右衛門と善次郎の祖父の次右衛門の家とは隣家であり、結婚して四年の間、ずいぶん家内睦まじいと思っていたので、どんなわけで離別ということになったのか驚いている。去年までは、親族の間だけのこととして他言もしなかったようだ」と申し立てている。

藤右衛門の家は岩倉村、次右衛門の家は川内戸村であるが隣家だという。このもめごとの現場となった二つの村はどんな村なのか。二〇一九年七月に現場を訪ねた。米沢から米坂《よねさか》線に乗り継ぎ、羽前椿駅からさらに車で四〇分ほど。冬には三〜四メートルの雪が積もるという豪雪地帯だが、初夏とあって緑が美しかった。地元で農家民宿を営む伊藤信子さんによれば、高橋藤右衛門家はこの地域から転居したため今はないが、大友善次郎家は今もあるという。二つの家は、二〇〇年以上経った今も続いていた。

大友家は飯豊山《いいでさん》登山口まで約一キロの場所にあった。近くで農作業をしている方に尋ねると、

「善次郎さんの家はあそこ、藤右衛門さんの家は、今はないけどあそこ」と正確な場所を教えてくれた。江戸時代の家が、まだ追跡可能だったこと、しかも江戸時代の文書に出てくる名前のままで呼ばれ、家がなくなっても地域の方たちが、あの場所と記憶していることが驚きだった。藤右衛門家は岩倉村のはずれにあり、歩いてみると川内戸村の大友家とは五分ほどの距離だった。きやは臨月となった一二月初めに実家に送り返されているが、豪雪のなかでも歩いて帰れる距離であることがわかった。

夫の言い分、妻の言い分

当事者たちへの喚問は、文化二年四月四日、藩役人屋代権兵衛《やしろごんべえ》の問い(「御尋《おたずね》」)に、夫善次郎、妻きや、夫の父辰之助、妻の父藤右衛門が答える(「御答《おこたえ》」)一問一答の形でなされた。ちなみに、この裁定に関わった藩の役人、屋代権兵衛は、米沢藩の文化六年の分限帳によれば、代官所懸役《かかりやく》で、四九歳、三人扶持、五石とある。

善次郎に対し屋代は次のように尋ねている。

その方は、女房を六月に離別し実家に帰したが、八月中に連れ戻し、一二月に実家へ帰したと聞いている。また、懐胎の子は、自分の子ではないと舅《しゅうと》の藤右衛門に直接言いに行き論争になったとのことであるが、すべてありのままに答えよ。

それに対し、善次郎は次のように答えている。

私の子ではないと言ったのは、昨年一年間、夫婦の交わりをしていないので、そのように申しました。(きやは)前から、身持ちがよくない(不埒)ため懐胎したので、私のせいではありません。不義の相手(不義人)は必ずいるのですが、離別したうえは、不義の相手が誰ということは今は申し上げるべきではないと思います。しかし、このことについては、きやの胸の内にはきっとあるはずです。そのため、生まれた子を私が引き受ける理由はありません。

この善次郎の証言に対し屋代は、「六月に離別し去り状を差し出すまで、そのような不義不埒をしているのをそのままにし我儘《わがまま》にさせておいたのは、女房に対する管理が行き届いておらず、今さら、他人の子を産んだと申し出るのは、はなはだ不届き千万、不調法至極で申し開きできない」としている。それに対し善次郎は女房の管理が行き届かなかったことを謝るとともに、「どのようなお叱りを受けても後悔はない」と答えている。

一方のきやに対して、屋代は、次のように問うている。

> その方は、去年一二月に親元へ帰り、二一日に出産しているが、嫁に行ってから三、四年の間、夫婦の関係はどうだったのか、また家内への仕え方はどのようなものだったのか、なぜこのようなことになったのか。昨年は夫婦の交わりもなく、また昨年親元に戻るに際し、「この子は、ほまち子だ(傍点筆者)」と夫に言ったというが、なぜ、そのようなことを言ったのか。すべてありのままに答えよ。

「ほまち子」とは、この地方の方言である。『置賜のことば百科(下)』には、「ほんまちこ」とは、妻ではない女に産ませた子、内緒の子、世間に隠して密かに産ませた子など、正規の結婚によらずに生まれた子どもを指すとある。しかし岩倉で生まれ育った伊藤信子さんによれば、岩倉では、「ほんまち子」ではなく「ほまち子」と言い、不義、不倫の結果生まれた子を指すという。伊藤さんは昭和一四年(一九三九)の生まれだが、幼いとき、祖母のお茶飲み話によくついていき、そこで、「ほまち子」は、顔が父親に似るのでわかってしまうなど「ほまち子」が話題となるのを聞いたと言う。「ほまち子」の解説が長くなったが、再び本題に戻りきやの言い分を聞いてみよう。

きやは、次のように答えている（図5）。

以前は、変わりなかったのですが、去年五月ごろから、夫の善次郎が、どうしたわけか、私が年上であることを嫌い、言葉もかけなくなったので、六月初めに自ら身を引き、親元へ帰りました。しかし、八月四日に、夫の親戚の立ち会いのもとに婚家先に戻りました。それからは夫婦の交わりもしていません。ですが、私は不義不埒などといったことは全くございません。また五月までは夫婦の交わりもありましたので、夫、善次郎の子どもに間違いありませんし、ほまち子だと言った覚えもありません。ただ「あれこれ申し上げることはありません」とは言いました。

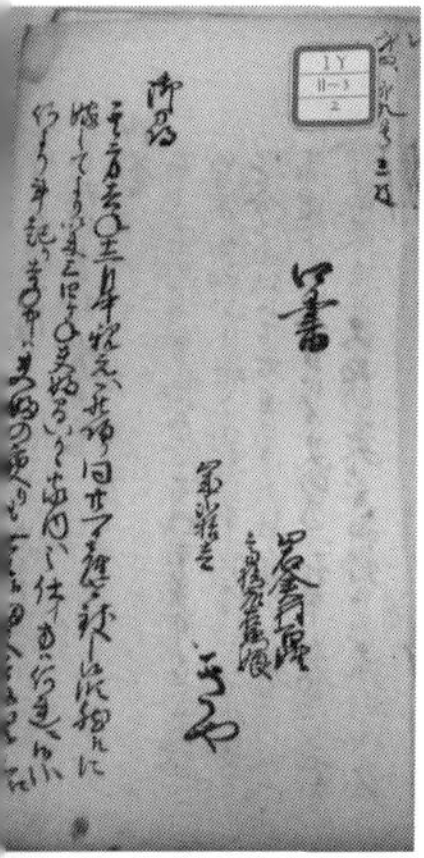

形大学附属博物

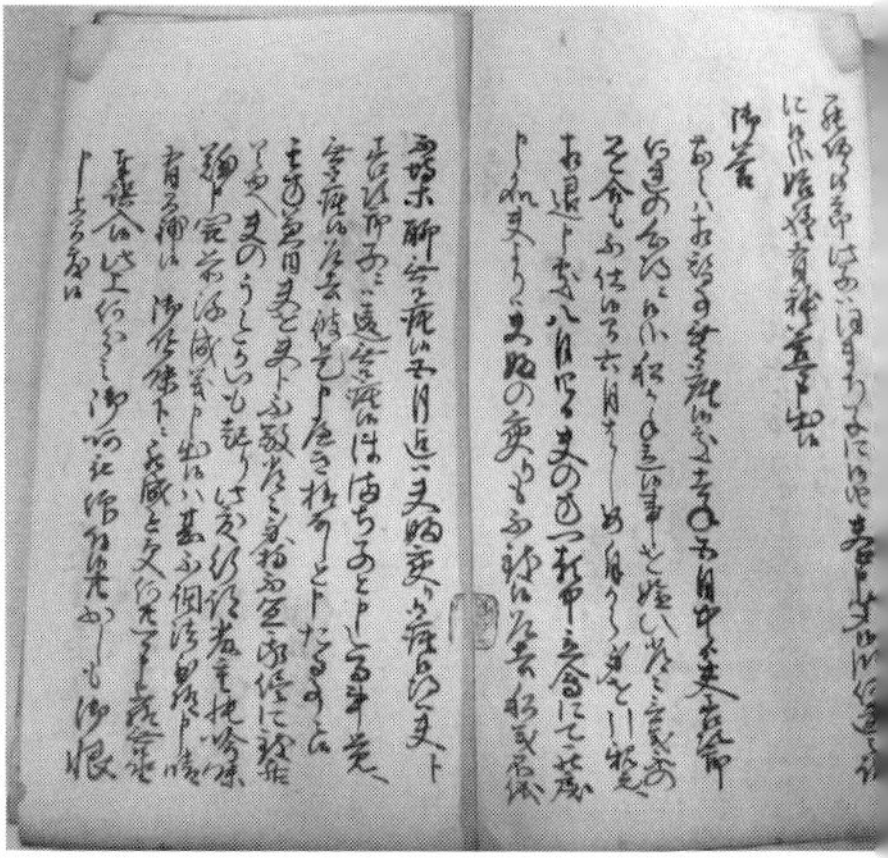

図5　きやの口書．「御尋」と「御答」(山館所蔵)

このきやの証言に対し屋代は、「その方は、かねてから夫を夫として敬わず、日頃から身持ちがよくなく我儘なため、夫の疑いも起こったのであり、このたび、自らの行為について厳重な吟味を受けたのは不調法至極で申し開きができない」と述べている。それに対しきやは、吟味を受けたことについて謝るとともに、「どのようなお叱りを仰せ付けられても恨むようなことはしません」と答えている。

夫の父、妻の父の言い分

この件については、善次郎の父、辰之助(四六歳)、きやの父、藤右衛門(四九歳)も証言を求められている。それぞれの言い分を聞いてみよう。

まず屋代は、辰之助に次のように尋ねている。

その方は、夫婦の間が前から睦まじくないため、去年の一二月に嫁を返し、(嫁は)二一日に出産したというが、他人の子だから構うことはないと、生まれた子どもときやを藤右衛門のもとに置いたままにしておいたのは、どのような理由からなのか、すべてありのままに答えよ。

これに対し、辰之助は次のように答えている。

常々夫婦の間が睦まじくなかったので暇を出しました。その際、嫁に聞いたところ、ほまち子だと言うので、そうであれば、善次郎が言う通り、決して生まれた子を引き受けるわけにはいきません。前々から不埒なため、他人の子を懐胎したのだと思います。子どもも嫁も引き取るわけにはいきません。

これに対し屋代は、「そのような不埒なことがあれば、何度でも教え諭すべきであるのに、四年もの間、嫁をそのままにしておいて、他人の子を産んだと申し出て藩に苦労をかけたことは不調法至極だ」としている。それに対し辰之助は、謝るとともに、「このうえは、どんなお叱りを受けても構わない」と答えている。

他方、きやの父、高橋藤右衛門に対して、屋代は次のように尋ねている。

その方の娘きやを川内戸村次右衛門孫、善次郎の妻にしたが、常々、身持ちがよくなく、他人の子を懐胎したというので、次右衛門から送り返し論争になったことについて、身持ちがよくないとはどういうことか、すべて、そのまま述べるように。

藤右衛門の証言は、次のようなものである。

娘は、前から身持ちが悪いとか、不埒なことは一切なく、自分からも詳しく娘に尋ねてみましたが、決して不義などということはないと申しております。ですから、娘に難癖をつけ、そのうえ、懐胎のまま送り返してきたことについては、受け取り難いと言ったところ、善次郎が直接やってきて、とんでもないことを言い募って帰って行きました。このうえは、どんなことがあろうとも、生まれた子どもは、次右衛門の方へ返さなければなりません。

娘は不埒なことなどないと言っていますが、夫の疑いが晴れなければ身持ちがよいようには見えません。隣家同様のところに縁組して三、四年にもなりますが、かねて夫婦仲が良くないことを知りながら一切意見もせず、娘に負担をかけ、藩にもご苦労をかけたことについては不調法至極です。どのようなお叱りを受けても構いません。

食い違う言い分

このように夫善次郎とその父辰之助、そしてきやとその父藤右衛門の言い分は、真っ向から対立している。対立点は大きく四点ある。一つは、きやが産んだ子どもは、善次郎の子どもか、それとも「ほまち子」かという点、二つには、きやは前々から身持ちの悪い嫁であったのかどうかという点、三つは、きやが、生まれた子について「ほまち子」だと自ら言ったかどうかという点、四つには、夫婦の交わりについて、善次郎は、去年からないとしているのに対し、きやは、五月までは夫婦の交わりがあったとしている点である。

さて、きやと善次郎のもめごとの原因となった赤子が生まれたのは一二月二一日である。これが正規産だとして受胎月を逆算すると、受胎は三月になる。きやは五月までは夫婦の交わりがあったと述べているから、きやの申し立て通りとすれば、善次郎の子どもであってもおかしくはない。しかし、善次郎の言う通り、昨年一年、つまり一月から夫婦の交わりがなかったとすると、善次郎の子どもではないということになる。

さらに離婚について、きやは、夫が自分を嫌って言葉もかけなくなったので、自ら身を引き実家に戻ったと述べているが、善次郎のほうは、離別して帰したとしている。しかし、その後、善次郎は、八月にきやを連れ戻すなどしているから、きやが自ら身を引いて実家に帰ったというのが本当のところだろう。

藩の裁定

では、藩の側は、この事件を、どのように裁定したのだろうか。その内容は、当事者の証言を求めた四月四日から二カ月以上経った文化二年六月二五日、大友辰之助、善次郎および川内戸村肝煎伊藤十郎右衛門、欠代大友次右衛門、長百姓伊藤杢之助の村方三役から、大肝煎である小田切清左衛門に出された二通の「請状」から知ることができる。「請状」とは、藩の裁定に対する返書であり、藩の裁定を承知した旨を記したものである。

そのなかの一通には、「人頭請払証文《にんとううけはらいしょうもん》」をとりかわし、離縁状（「暇状」）も出して離婚が正式に成立したこと、藩役人による先だっての御吟味の際、生まれた子は「実子」であるにもかかわらず、自分の子ではないと答えたことに対して、大変不調法であるとしてお叱りを仰せ付けられたこと、またお許しがないうちに女房を貰った場合は、本人はいうまでもなく、仲人や村役人まで責任を問われるとされたことについては慎んで承知した旨が記されている。

もう一通には、「善次郎夫婦が不和のため、去年六月中に(きやが)親の高橋藤右衛門のもとに身を引いたため、親類の者たちも頼みいろいろ説得したが、それでも「熟縁」(よりを戻す)とはならず、仕方なく、川内戸村の藤五郎という者に頼んで、きやの父の藤右衛門方に道具などまで残らず渡したこと、先だってのご吟味の際に、女房のしつけが行き届かないためこのような結果となったうえ、事実と異なる答えをしたのは不届き者だとされたのは至極ごもっともなことで、どんなお叱りでも受けるべきところ、愚かな考えの者(「愚意之者」)とされるにとどまったことは有り難く、以後は、ご公儀様にご苦労をかけないようにし、どんな落度を仰せ付けられても恨むようなことはいたしません」とある。

二通の「請状」から判明する藩の裁定は、子どもは善次郎の実子であり、許しがあるまでは善次郎の再婚を許さない、というものであった。善次郎は「叱り」となり、身を慎むことを申し付けられた以外の特別な処罰は受けず、きやは正式に離別となり、きやの道具類は、すべて父の藤右衛門に返された。

夫婦不和のなかで実家に帰された妻が産んだ子どもは、夫の子か、それとも不義の子か。夫と妻、その家、そして双方の村をも巻き込んだ騒動は、こうして藩の裁定により決着した。もし、このようなもめごとが起きなかったら、そして、藩の裁定にまで持ち込まれなければ、記されることもなかった妻と夫、その親たちの言葉が残された。もめごとが起きたがゆえに、多くは文字史料を残すこともなかった農民の女と男の口から発せられた言葉が、記録されたのである。

では、そこに記されたことが真実か、そして農民の女と男の心情が、そのまま述べられているかといえば、簡単にそうとはいえない。なぜならこれらの言葉は、藩役人の問いに対する答えであり、尋ねる側と答える側の間には、藩の役人と村人という明確な権力関係があるからである。そのうえ、妻の側、夫の側とも自らの正当性を主張するために証言しており、そこには、当事者それぞれの思惑がある。

史料が作られる場に働く、こうしたさまざまな権力関係や当事者たちの思惑にも留意して、さらに注意深く史料を読み解いていくとき、史料の表面からは見えてこない、どのような位相が浮かび上がってくるのだろうか。さらに探ってみることにしよう。

2　裁定の背景

それぞれの言い分を読み解く

まず、きやという女性はどんな女性だったのか。善次郎と、その父が述べるように、身持ちが悪く、不義の子を産むような女性だったのだろうか。きやは、夫が自分を嫌っていることを知り、自ら身を引いて実家に帰ったと述べている。また、その際「ほまち子」と言った覚えはないが、「あれこれ申し上げることはありません」、いわば言い訳はしないと言ったと証言している。さらに性関係にまで踏み込んで、五月まで夫との夫婦関係はあったので、夫の子どもに間違いないと言っている。

自ら身を引く態度、何も言い訳はしないという態度、そして夫の子どもである根拠を夫婦の性関係にもとづいて答える態度など、きやの証言からは、自らの名誉を守り恥辱を受けることをよしとしないある種の潔さと明確な意思が浮かび上がる。藩役人が述べる、夫を夫と思わず、我儘というきや像もまた、裏返せば、きやが家や夫によって管理されるだけではない、自分の意思で行動する女性であることを裏付けるものかもしれない。

きやの父親の藤右衛門も、娘には不埒なところなどないと述べ、きやの出産にあたっては、善次郎の居村の長百姓、肝煎が立ち会うよう何度も求めている。そこには、この出産は、隠れてするような出産ではなく、夫の村の者たちも立ち会う必要のある、言い換えれば善次郎の子どもの出産なのだという明確な意思を読みとることができよう。

こうしたきやの像と、善次郎とその父の辰之助が申し立てる身持ちが不埒なきやの像とは大きく異なり、ひとつの像をむすばない。他方、きやを六月に離別して実家に返しながら、八月には連れ戻し、さらに一二月には、すでに臨月となったきやを再び実家に返し、きやの父が懐胎した娘を受け取ることはできないと言ってきたのに対し、自分の子ではないと妻の実家に直談判に行く善次郎の姿からは、身勝手な男の姿が浮かび上がる。

もっとも、証言だけから、きや、善次郎の姿を明らかにするのは限界がある。おそらく大事なことは、どの像が真実の姿に近いか、その答えを求めることではなく、史料が語ること、語らないことを腑分けし、そこでなされた証言の意味を丁寧に探ることだろう。

日付から読み解く

まず、藩役人、屋代による喚問が行われた日と、藩の裁定に対して村の側から出された「請状」の日付の意味について考えてみよう。屋代が出向いて当事者たちの証言を求めたのは文化二年四月四日、川内戸村の村方三役と善次郎およびその父から大肝煎に「請状」が出されたのは六月二五日である。なぜ証言が求められたのが四月だったのか。一二月二一日に女の子が生まれてから三カ月以上経った四月に証言が求められたのは、それまで、もめごとの調停が長引いたということも、もちろんあるのだろう。

しかし、証人喚問の日付が四月四日であることは、それ以上に、おそらく「懐胎・出産調べ」の時期と関係している。米沢藩では、一年に三回、前月の晦日《みそか》までに調査した妊婦の出産予定月と、死産、流産、出生、嬰児死亡などの結果を帳面にし、四、八、一二月の、それぞれ一日に、肝煎から藩に報告することとされていた。

女の子が生まれたのは一二月二一日だから、すでに一二月の藩への届け出期日は過ぎており、次の四月一日に大肝煎から藩に届け出る必要があった。その帳面には、子どもの父が誰か、言い換えれば、誰の家に属する子どもかを記録しなければならなかった。四月には、事を内々に処理するわけにはいかなくなっていたのである。また、きやが善次郎のもとに連れ戻されたのは前年八月だが、このとき、きやは妊娠六カ月になっており、八月のお調べに妊娠を届ける必要があった。

証人喚問がなされた四月四日には、生まれた女の子は、生後三カ月を過ぎていた。もし、子どもが死んでいたら、藩の裁定も必要とされなかったのかもしれない。また、「請状」からは同年六月の段階で、ようやく、きやと善次郎の離婚が正式に成立し、川内戸村と岩倉村の間で、「人頭請払証文」がとりかわされたことがわかる。

これらの日付と照らし合わせてみるとき、きやの証言は、赤子が生後三カ月を過ぎた、そして正式な離婚が成立する前になされたことが見えてくる。しかも、善次郎の祖父、大友次右衛門は、寛政五年(一七九三)から川内戸村の欠代を勤める村方三役の一人であった。きやの証言は、こうした双方の家、村、藩といった重層的な力関係のなかで、自らに向けられた「ほまち子」を産んだ身持ちの悪い嫁という夫の家の側からの訴えに対してなされたのであった。

きやの証言を、この時間軸と権力関係のなかにおいてみると、その証言は、自らが直面し、自らを縛る現状への抵抗であるとともに、きやと生まれた子が生きるための主張であったことが見えてくる。きやの証言を記したこの史料は、現代を生きる私たちに、過去に生きた一人ひとりの感情を理解することができるのか、できるとすれば、どんな方法をとれば可能になるのかという課題を突き付けてくる史料でもある。

では、村まで出向き、当事者それぞれの証言を求めた屋代は、どのような根拠で、子どもは夫の実子であると判断したのだろう。大肝煎に出された「請状」からは、藩の側が、子どもは善次郎の実子と裁定したこと、また善次郎の再婚に釘を刺したことまではわかる。しかし、それ以上のことはわからない。というのも、藩の側が裁定を下した理由を述べた文書は、残されていないからである。いわばジグソーパズルの最後のピースが欠けているのだ。

散々探しても、決め手となる大事な史料がない。「その史料さえ残っていれば核心に迫れるのに」、そう思うことは、史料調査の過程で、また残された史料を読み解く過程でしばしばある。では、この史料の空白をどう埋めていけばよいのだろう。きやと善次郎の、その後がわかれば、そこに何か手がかりが残されているかもしれない。そう思って調査を進めるなかで、貴重な史料と出会った。

3　善次郎ときやの、その後――家、村、藩

史料の空白を埋める

それは、川内戸村の文化三年(一八〇六)から同六年の四冊の「宗門御改帳《しゅうもんおんあらためちょう》」である。まず文化三年の「宗門御改帳」からは、文化二年六月にきやと善次郎の離別が正式に成立し、きや

は、川内戸村の宗門改帳から除かれたこと、また文化四年の「宗門御改帳」からは、きやとの離婚成立から八カ月後の文化三年二月二九日、善次郎は、岩倉村肝煎、伊藤武右衛門の妹、きの(二二歳)を嫁に迎えたことがわかる。

ちなみに、伊藤武右衛門は、きやの「御答」の際に、「聞人」をつとめた岩倉村の肝煎である。さらに文化五年の「宗門御改帳」からは、再婚して一年七カ月後の文化四年一〇月に、善次郎ときのの間に善助という子どもが生まれたこと、翌文化六年の「宗門御改帳」からは、この子が、文化六年三月に生後一年五カ月で死んだことがわかる。

ただ残念ながら、一方のきやの村、岩倉村の「宗門御改帳」は残っていない。そのため、きやと、きやが産んだ女の赤子がその後どうなったのか、きやは再婚したのか、女の子は、その後も生きたのかは不明である。

では、きやとの離婚後、わずか八カ月で、善次郎がきやと同じ村の肝煎の妹であるきのと再婚したことは何を意味するのだろう。きのとの再婚は、労働力としての嫁が必要だったから、あるいは、養子である善次郎には、家を継ぐ子どもをもうけることが求められたからだろうか。しかし、文化二年六月の「請状」で示された藩の裁定は、善次郎の再婚に釘をさす内容であった。藩の側は、裁定を下す段階で、善次郎の再婚への意思を把握していたのだろうか。あるいは江戸時代には、離婚して再婚することは、よくあることだったからだろうか。

きやは、善次郎が自分を嫌ったのは、自分が年上だからと述べている。しかし、善次郎が再婚したきのは、きやと同年の、やはり年上の女性であった。きのは初婚だったのか、それとも再婚だったのか。これも、岩倉村の「宗門御改帳」が残っていないためわからない。家を継ぐ子どもをもうけることを望むなら、より妊孕《にんよう》力の高い年下の女性との再婚が望ましいはずである。しかし、このようなもめごとが起きた後であり、嫁の来手がなかったのだろうか。それにしても、善次郎の再婚の相手が、きやと同年の、しかも敵対していたはずの村の肝煎の妹とは。

きのと善次郎の再婚は、善次郎が、きやと夫婦関係にあるうちから、きのと結ばれることを望み、きやの不義を申し立てることで離別に持ち込もうとしたことも疑わせる。江戸時代にあっては、不義、まして不義の子を産むことは、離婚の正当な理由とされた。藩は、善次郎の側のそうした思惑を知ったうえで、許しがあるまでは、再婚を許さないとしたのかもしれない。しかしそれらは、あくまでも推測の域を出ない。確実なことは、善次郎がきやの「聞人」をつとめた岩倉村の肝煎の妹と再婚し、男の子をもうけたものの、その子は、二歳に満たないうちに死んだということだけである。そしてきやと善次郎の、その後を知る手がかりは、残念ながら、ここでぷつりと途絶える。

ならば、さらに空白を埋めるには、間接的ではあるが、きやと善次郎のもめごとの背景となる、この地域の結婚、離婚、再婚、そして妊娠、出産の状況を探るしかない。

結婚、離婚、再婚への介入

この地域の結婚、離婚、再婚について知る手がかりは、きやと善次郎が離婚した文化二年(一八〇五)六月の約一〇年前、寛政六年(一七九四)一二月から同七年三月にかけて作られた「聟《むこ》娵《よめとり》縁定《えんさだめ》御改帳《おんあらためちょう》」のなかにあった。この帳面からは、大肝煎、小田切清左衛門が管轄する、きやと善次郎の村を含む中津川の村々の婚姻の状況を読みとることができる。ここには、一四歳から三八歳の女性たち五八人の村名、名前、年齢と、その縁談相手の村名、名前、「聟娵」の別、またいつ縁付く予定か、いつ離別したかが記されている。ちなみに、この帳面には、善次郎の父、辰之助の娘で一五歳のしゅんが、白川村の中善寺四郎左衛門の子伊勢蔵の嫁となることが決まったことも記されている。

五八人のうち、「縁付」とならなかった娘は六人。うち四人は、その理由が「病身」であること、二人は「困窮之者」であることに求められている。板倉村清四郎の娘(三八歳)は「病身につき縁付申さず」、須郷《すごう》村清左衛門妹、かの(二〇歳)は「病身にて不縁」、下屋地《しもやち》村惣助娘、きり(一六歳)は「何分病身ニて縁付兼」、上原村渡部平次衛養娘、きさ(二一歳)も「何分病身者故縁付兼」とある。また、小坂村助市郎娘、さる(一九歳)、同じく小坂村孝左衛門娘、かわ(一四歳)は「困窮之者」なので縁定めができないとある。これら縁定めができない者や離別の者については、村役人たちが、心を込めて(「入情」)婿を探し縁定めをしたいとあり、その後、きりは、上屋地村弥次郎の子、丑太郎との縁談が決まっている。

その他、離縁した者が四人いるが、そのうちの二人は、再婚できない理由に「病身」であることがあげられている。たとえば、遅谷《おそだに》村六兵衛婿長次郎の娘、みよ(二七歳)は、天明六年(一七八六)に白川村次惣次の弟浅次を婿にしたが翌七年に離別、その後、岩倉村の儀助を婿に取るが離別、さらに綱木村の勘五郎を婿に取るが、これも離別となり、その後も「この女、病身者ゆえ聟取りかねる」とある。これら縁付と再婚の事例からは、嫁に対して求められたのは労働能力と生殖能力であったことがうかがえる。その意味では妊娠していたにもかかわらず、きやが実家に帰されたことについて、きやの父が「懐胎のまま送り返してきたことについては、受け取り難い」と反論したのも肯《うなず》ける。

「聟娵縁定御改帳」では、三件を除けば、すべて大肝煎、小田切清左衛門の管轄下にある中津川の村々の間での婚姻であり、その内訳は、婿取り二八件、嫁取り二九件である。婿であれ嫁であれ、何とか家を存続させるために「縁定《えんさだめ》」をすることが重要であり、家の結婚に深く関与することは、家と村の存続をはかる村役人たちの重要な役割であった。しかしこれだけでは、きやと善次郎のもめごとの裁定理由まではわからない。そこでさらに、きやの妊娠、出産の背景を、この地域の妊娠、出産をめぐる史料から探ってみることにしよう。

早婚奨励と堕胎・間引き禁止策

「懐胎女御改帳《かいたいおんなおんあらためちょう》」(図6)という、きやと善次郎のもめごとの約一〇年前に大肝煎、小田切清左衛門に提出された帳面がある。ここには、寛政六年(一七九四)八月から同八年八月まで、四月、八月、一二月と年三回、四カ月ごとの懐妊・出産の状況、つまり、出産予定日、半産(流産)、死産、難産、産死、出生、出生後死亡が記録されている。このほか、同じ中津川の村々の懐妊・出産に関わる史料として、寛政六年三月から同一二年閏《うるう》四月までの「出生届」、寛政六年一二月から同八年一二月までの「出生男女人数御改

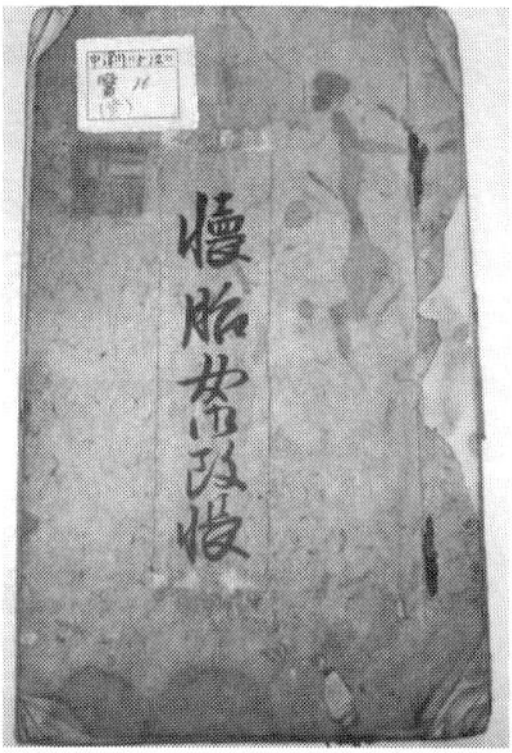

図6 「懐胎女御改帳」(山形大学附属博物館所蔵)

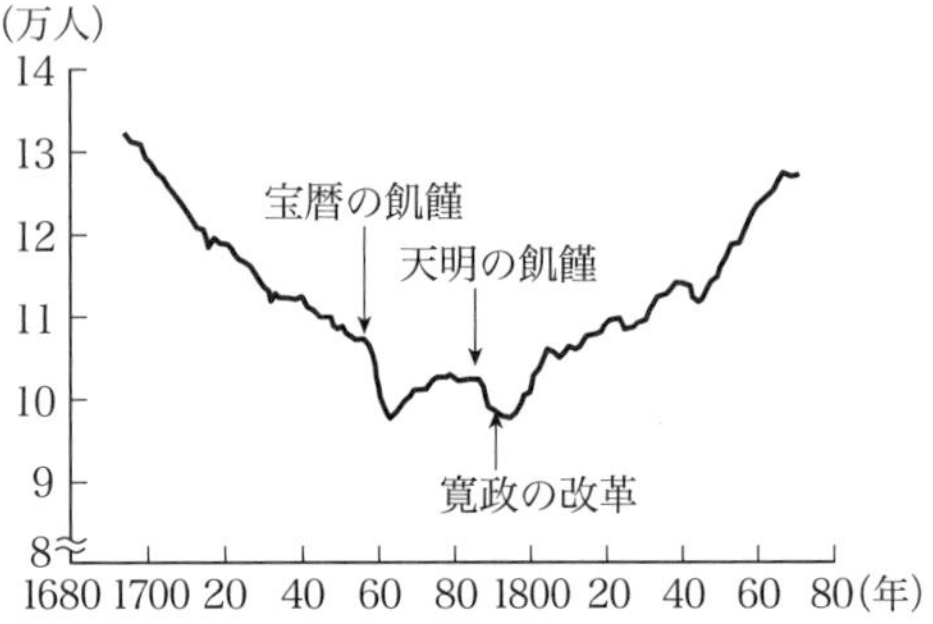

図7　米沢藩の人口の推移(ラビナ・マーク『「名君」の蹉跌』NTT出版，2004年より作成)

帳」、寛政九年四月から同一一年四月までの「御改」の記録が残されている。

なぜ中津川の村々には、このような懐妊・出産をめぐる史料が、しかも寛政期に集中して残されたのだろうか。その背景には、寛政の改革による米沢藩の人口増加政策があった。米沢藩では、宗門改帳への女児の登録もれや、性選択的間引きの解消による女子人口の増加がはかられた結果、寛政の改革以降の一七九〇年代に人口は着実に増加する(図7)。

明和四年(一七六七)に藩主となった上杉治憲《はるのり》は、「押返《おしかえ》し」と称された生後すぐの赤子を殺す間引きを禁じる教諭を行い、次の藩主治広《はるひろ》は、寛政元年(一七八九)、同四年、出産奨励のための早婚奨励政策と堕胎・間引き禁止のための妊娠・出産管理政策を行った。寛政四年一一月には、男は一七歳から二〇歳、女は一四歳から一七歳の間に、「妻を持つべき年齢に妻がなく、夫があるべき年齢に夫がない者がいる場合は、村役人は気を配って結婚させるようにせよ」(「妻もたん年齢に妻なく、夫あらん年ばへに夫なきものあらんには、村方心遣し媒しめあはせて遣るべし」)と、村役人が結婚を斡旋し、藩で時服料(結婚資金)を貸与することとした。

そのほか新婚夫婦には、家作料(家をつくるための建築材料)と、休耕地や耕作が放棄された土地の所有権を与えるとともに三年間の年貢免除の特権も与えた。また貧困な者には、申し出により襁褓《むつき》(おむつ)料として最高金一両までの手当てを与えるとした。その結果、人口増加は、一八三〇年代に天保の飢饉が起きるまで途切れずに続き、万延元年(一八六〇)には、性比は、女子一〇〇に対し男子一〇四となっている(『東置賜郡史』下巻)。

ちなみに、二〇一七年の『人口動態統計』によれば、性比は女子一〇〇に対し男子一〇四・九である。万延元年の米沢藩の性比は、現在とほとんど変わらない。そのことは、女子の間引きがなされなくなったことを意味する。

米沢藩の出生記録から

中津川の村々に寛政期の妊娠・出産や結婚に関する史料が残されている背景には、米沢藩の寛政の改革があった。寛政期の「懐胎女御改帳」と「出生届」、「寛政九年巳ノ四月御改」を重ね合わせてみると、総数一二四件のうち、出生は七〇件と六割に満たず、流産、死産が多くを

表2 「懐胎女御改帳」などにみる流産・死産・出生・出生後死亡件数(米沢藩中津川の村々)

出生区分	寛政6年		寛政7年			寛政8年		計
	8月	12月	4月	8月	12月	4月	8月	
半産(流産)	2	2	4	4	2	1	4	19(15.3%)
死産	0	3	5	5	5	0	2	20(16.1%)
母子共死亡	0	1	0	0	0	0	0	1(0.8%)
出生	3	11	14	12	12	7	11	70(56.5%)
出生後死亡	3	2	1	1	4	0	3	14(11.3%)
計	8	19	24	22	23	8	20	124(100%)

占め、生後一年以内の死亡も多くある(表2)。また、死産(死胎)の理由としては難産が八件あり、うち一件は、母親も死亡している。

流産、死産の原因が記されている事例もある。「はしごより落ち」「朝、焼木落し、はしご踏みはずし落ち」「木地山に行って」という理由からは、山村での女性の労働の厳しさがうかがえる。縁定めにあたって「病弱」な女性が忌避されたのも、山村での女性の労働に耐え得るかどうかが考慮されたためだろう。

流産、死産の場合は、出生無しや、子どもを取り上げなかった(「出生無御座候」「胎死ニ而出生無御座候」「子供取育不申候」)と記されている。出生がなかった、取り上げなかったという表現は、流産、死産のなかには、出生がなかったことにする、あるいは取り上げない間引きも含まれていることをうかがわせる。これら流産、死産、出生後間もなく病死の場合は、村役人の立ち会いがなされた。それは、胎児、赤子の死が堕胎・間引きの結果ではないことの証明としての意味を持っていた。

なお、「懐胎女御改帳」には、善次郎の父、辰之助の妻が、寛政八年（一七九六）一〇月二八日に産んだ子どもが、生後五日で病死したことも記録されている。このとき善次郎は一一歳のはずだが、養子になったのは、この子が死んだためかどうかはわからない。ただいずれにしても、これら寛政期の妊娠、出産をめぐる記録からは、家を維持・存続することが難しい子どものいのちをめぐる状況があったことが見えてくる。

善次郎に対し厳しい裁定の理由

寛政期から約一〇年経って起きたきやと善次郎のもめごとに対する藩の裁定は、きやではなく善次郎の側に厳しいものとなった。その理由は、妊娠・出産管理や結婚奨励によって人口増加をはかる藩の方針に照らしてなされたものだったといえよう。もめごとを収めようとした大肝煎が「人の命や生き死には大事なこと」と述べたのも、米沢藩の妊娠・出産管理政策のなかで強調されたことであった。

きやの父は、きやの出産が不義によるものではないことを示すために、善次郎の村の村役人たちが出産に立ち会うことを求めた。そしてきやは、間引きの対象とされやすく、「不義の子」であれば、より、その対象とされやすい女の子を産んだのである。

この一件は、小さな山村で起きた夫婦不和のなかでの妊娠、出産をめぐる、いわば小さな出来事である。しかしもめごとを裁定する場に働く当事者相互の思惑や、家、村、藩の権力関係に焦点をあてて史料を読み解くとき、それは、女の身体と性の管理をめぐるもめごとでもあったことが見えてくる。

夫婦の交わりの出発点となる結婚(縁定め)や離婚、再婚、夫婦の性の営み、そして生まれた子どもの問題は、江戸時代にあっては、女と男の関係にとどまらない、家、村、藩が深く介入する問題であった。きやと善次郎のもめごとをめぐる史料は、そのことを教えてくれる。

第三章　産む、堕ろす、間引く——千葉理安の診療記録

1　記録された産の現場

妊婦たちの姿を探る

出生統計から見ると、二〇一一年の東日本大震災時は岩手、宮城、福島三県の沿岸部二九市町村だけで約二・二万人、一九九五年の阪神・淡路大震災時は兵庫県沿岸部の神戸市五区・淡路地域だけで約一・四万人の妊婦がいたと推計できるという。しかし、被災地の妊婦の存在は認識されにくかった。災害時ばかりではない。歴史のなかでも、妊婦の存在や妊婦たちがどう生きたかということ、また産まないことも含めた妊婦たちの体験が歴史をつくってきたことには、あまり目を向けられることがなかった(田間泰子)。

本章では、歴史のなかにほとんど登場することのない妊婦とその具体的経験に目を向けてみたい。手がかりとするのは、仙台藩の支藩、一関《いちのせき》藩の医者の診療記録である。今から二〇〇年前の診療記録のなかに、妊婦の言葉が記されていることを知ったときは驚いた。江戸時代の妊婦の言葉が記されることは稀有だからだ。診療記録には、子の手が先に出てしまう横産《よこざん》になった妊婦の「この症状で生きたという人を、まだ聞いたことがありません。もはや死ぬだけ」という言葉が残されていた。

妊婦たちの願望や不安を探るために、ここでは、次のような史料群を用いる。一つは仙台藩、一関藩の妊娠・出産管理制度のなかで作成された史料群、二つはこの地域の医者たちの診療記録、三つは妊娠・出産管理制度の実際を担った上層農民の家に残された民間療法の写本、四つは堕胎・間引きを戒める「赤子《あかご》制道役《せいどうやく》」という役職に任じられた農民たちの教諭書である。

仙台藩では文化四年(一八〇七)に「赤子養育仕法」が、一関藩では、四年後の文化八年に「育子仕法」が制度化された。そこには、流産、死産、赤子の死亡について記した「死胎披露《したいひろう》書《しょ》」と総称される文書群、堕胎・間引きの悪を説く教諭書など、さまざまな史料群が残された。日常的な営みである妊娠、出産は、取り立てて記録されず、史料として残りにくい。それに対し、「死胎披露書」には、死産、流産、妊婦や赤子の死といった非日常的な出来事が記されている。江戸時代の集約的農業が自然流産や新生児死亡を高めた可能性(斎藤修)や、乳児、妊婦の死亡率の高さを考えるなら、流産、死産、妊婦や赤子の死は、日常の妊娠、出産の過程と隣り合わせであった。その意味で、これらの史料群は、江戸時代の妊婦の存在の証しとして読み解くことができるだろう。

塚本学によれば、人々にとって家の維持・存続が重要な課題となっていく江戸後期には、在村の医者や農民出身の産科医によって妊婦と胎児のいのちを救うための努力がなされ、人々の生活経験をもとにしたさまざまな民間療法が生み出されていく。仙台藩、一関藩にも在地の医者による診療記録や民間療法の写本が残されている。

家の存続にとっても、赤子と母のいのちにとっても、危機の時期である妊娠、出産に、人々はどのように対処しようとしたのか。そこには、どのようないのちへの願いが見えてくるのだろうか。

医者・千葉理安

冒頭にあげた妊婦の声は、一関藩の「育子仕法」が制度化された一九世紀前半に医療活動にたずさわり、多くの患者を集めた医者、千葉理安《ちばりあん》(図8)の診療記録のなかにある。理安は、天明三年(一七八三)、一関藩領磐井《いわい》郡流峠《ながれとうげ》村(現・岩手県一関市花泉町)に一関藩士、千葉悦之進の長男として生まれ、享和三年(一八〇三)、二一歳で、診療所兼医塾「施無畏堂《せむいどう》」を開く。三二歳の時、全身麻酔薬を創案し、乳癌摘出手術に世界で初めて成功した紀州の華岡青洲《はなおかせいしゅう》の学塾に入り、わずか六カ月で免許皆伝となる。帰路には京都で賀川流産科も学び、江戸で蘭学塾を主宰していた元・一関藩医（当時仙台藩医）大槻《おおつき》玄沢《げんたく》のもとを訪れている。しかし、故郷に帰り「施無畏堂」を再開し、新しい知識と技で医療と教育に打ち込み始めてわずか五年の文政三年（一八二〇）、三八歳で病没する。

理安の「施無畏堂門人帳」からは、一関藩だけでなく、仙台藩の広い範囲の村々から医者を志す若者たちが入門したことがわかる。弟子たちが理安に出した誓詞には、「不仁《ふじん》」の薬は、一切処方しないとある。一関藩では、「不仁」の薬とは堕胎薬を指しており、堕胎薬は用いないことの誓詞とみてよいだろう。また誓詞には、女性の患者に対しては、己をただし疑いをもたれないよう態度を慎むとあり、理安の患者に女性が多かったことがうかがえる。

図８　千葉理安（左）．上は父，手前は孫（一関市教育委員会所蔵）

理安の診察の様子を門人が記録したものに、『文政二己卯験経録』と『橘井録《きっせいろく》』の二つがある（相馬美貴子）。いずれも文政二年（一八一九）の記録である。冒頭にあげたのはその一つ、磐井郡東山《ひがしやま》黄海《きのみ》村出身の門人、小野《おの》寺《でら》春安《しゅんあん》が筆記した『橘井録』に収められた「富沢村喜太

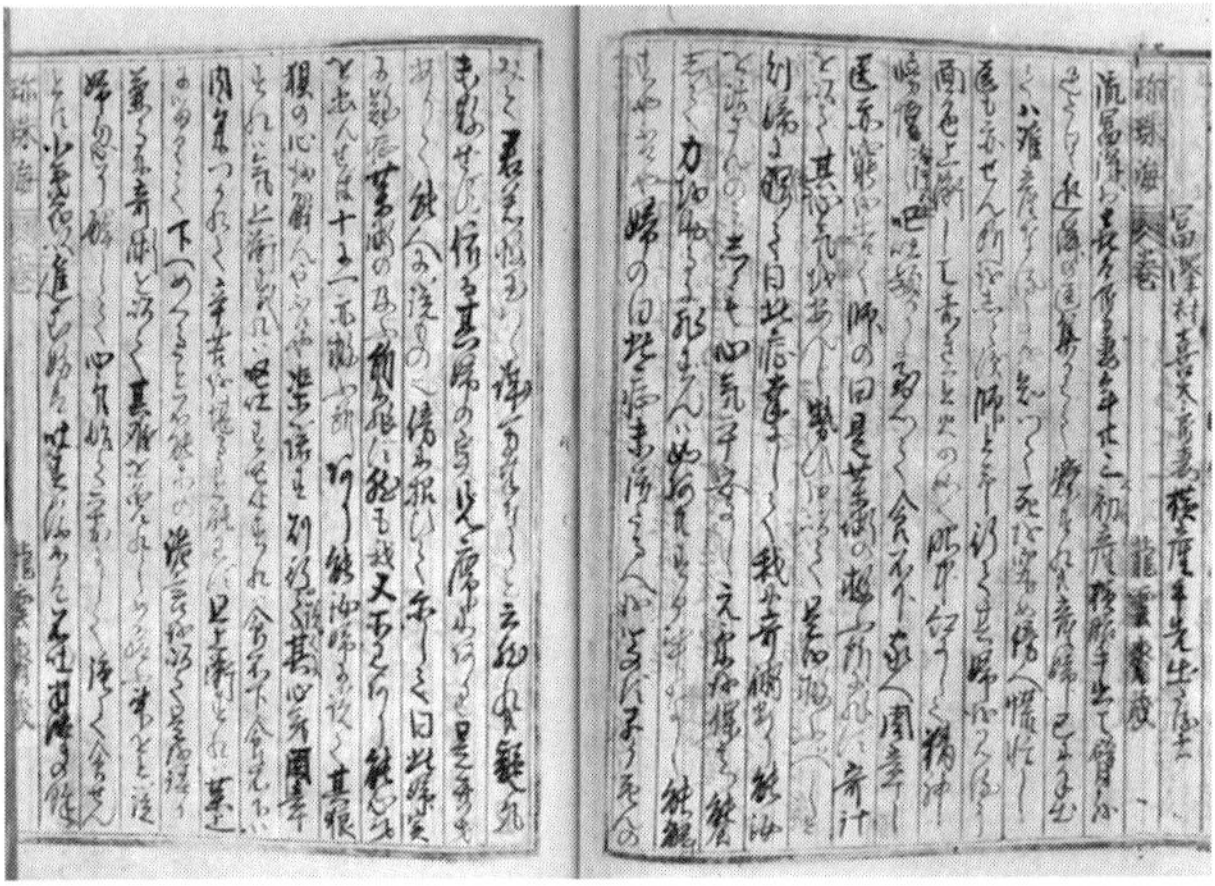

図9 『橘井録』より「富沢村喜太郎妻横産手先出たる者」部分（一関市教育委員会所蔵）

郎妻横産手先出たる者」と題された記録（図9）である。そこに、臨場感あふれる難産の現場の様子と妊婦自身の言葉が残されていたのである。

理安の門人帳「施無畏堂門人帳」によれば、小野寺春安は「奇才子」とされた門人で、文化一二年（一八一五）に入塾している。『橘井録』は、入塾から四年目の記録である。師の診療の実態を記録することも門人としての修業のひとつだったのだろう。

理安自身ではなく門人の手によって、理安の医術を学ぶために記録されたためか、この記録には、出産の現場での理安の処置の実際にとどまらず、理安の言葉や現場にいた人の言葉も克明に記されている。出産の現場の記録がほとんどないなか、門人が目を凝らし、耳を澄ませて記したこの記録は貴重である。

難産の妊婦を救う

磐井郡富沢村（現・一関市弥栄《やさかえ》）に住む喜太郎の妻（二三歳）は初産であったが、手が先に出てしまう横産（図10）という難産となる。近隣の医者たちが集まり治療をしたものの、すでに手が出てしまったため、妊婦も死を覚悟し、医者たちも、手のほどこしようがなかった。

図10　横産を医者が回転術で救った図（水原三折『産育全書』嘉永3年［1850］，『日本産科叢書』1895年所収より）

そのため理安と弟子が呼ばれ妊婦を診察したところ、顔色は、「上衝《じょうしょう》して」（のぼせ上がって）真っ赤で火のよう、眼も真っ赤で、「精神」も乱れ、冷や汗が止まらず、しきりに嘔吐して急を告げるような状態であった。理安は、薬や術では救えない、「奇計を以て」妊婦の心を落ち着かせ勢いをつけて救おうと、妊婦に偽り次のように言った。

この症状については幸い私に奇術がある。そなたを生かそうと思うが、心もちをおだやかにし「元気」を保ち、よく食べて力をつけてくれなければどうすることもできない。

すると妊婦は次のように答えた。

この症状で(横産で)生きたという人を、まだ聞いたことがありません。もはや死ぬだけなので、もし貴方様が救ってくださるのであれば、まことに幸いです。

しかし、まだ疑いが晴れないようなので、理安は、弁舌巧みで人に説いて聞かせるのが上手な妊婦の実の兄を傍らに招き、「妊婦は実に難しい症状で薬や術では救えない。しかし、心を安らかに落ち着かせるなら、十に一つの可能性で救うことができる。だから、よく妊婦に言って聞かせて、狼狽《ろうばい》の心(慌てふためいている心)を和らげてほしい」と伝えた。

兄は妊婦に「気が動転すると嘔吐し、嘔吐すると食べることができず、食べなければ「内気」(内なる気)が疲れ「辛苦」に耐えることができない。気が動転すると薬も飲むことができない。しかし先生は奇術で難を逃れさせてくれる」と説いた。すると妊婦は、すぐに納得し心を安らかにし食べようとしたので、「小盃」を進めたところ、始めは吐いたが、「半時余」(一時間ほど)して、ようやく「二小盃」食べ、心も落ち着いた。

穏婆、腰抱女の言葉

理安は、次に穏婆《おんば》(産婆)を呼び、「妊婦は実に難しい症状ではあるが、私は妊婦を救おうと思う。そなたは自分の力を尽くすか」と問うた。すると穏婆は、「この家の主人は「別な穏婆を迎え、その者に任せる」と言って私が手を下すことを好みません」と言う。そこで理安が「そなたがこの妊婦を救おうとするなら、どうするか」と尋ねると、穏婆は「私ならば、手といわず出る所から出します」と答えた。

さらに理安は「そなたは、すでに術を持っている。別の穏婆が来る前に産ませたら、そなたの手柄になるが、別の穏婆が来るのを待って、その者に手柄を立てさせるのとどちらがよいか。私は、そなたを助けてすべての手柄をそなたのものにしようと思う」と言う。すると、別な穏婆が手柄を立てることに腹を立てた穏婆は理安の言うことを承諾する。

理安は次に腰抱女《こしだきおんな》(産婆の助手)を呼び、「そなたは、自分の力を尽くして産婦の腰を抱く、その方法を知っているのか」と尋ねている。すると腰抱女は、次のように答えた。

先ごろ、隣家に産婦がいたときに、貴方様が大体のことを私に教えてくださったのでその方法を知りました。貴方様に考えがあって救おうとなさるのであれば、力の限り(「寅ノ大馬の力」)を尽くしましょう。

次に理安は家族を呼び、こう告げている。

この産は、実に難しい症状なので、全力を尽くそうと思う。今、幸い妊婦の心は落ち着いている。この機を逃せば救うことができない。これは戦場で「十死に一生」を得るほどの力戦だ。すべて私の指揮に従えばうまくいく。しかし人がたくさん集まっても炎暑の時には害がある。必要な賢い女を数人選び「天香」「女宝」「調血」(出産時の精神不安や身体の痛みなどを治す漢方薬)などを、それぞれ一帖ずつ用い、時に臨んで過ちがないようにせよ。

理安は、しばらくして妊婦の陣痛の間隔が短くなるのを待ち、声をあげて穏婆、腰抱女、そしてまわりの助けの者たち(「穏婆腰抱衆助」)の力を集め、薬を調合して陣痛の勢いを助け、炎暑なので団扇《うちわ》であおいでいきむのを助けた。そして一時ばかり。「終《つい》ニ分娩して産母害を免《まぬが》る」とある。妊婦は救われた。まわりの人々はこれを見て、理安が奇術で救うと言ったのは、薬を用いずに(「薬を以てせずして」)救うことを意味していたと知った。門人による難産の記録はここで終わっている。

理安は、動揺する妊婦を落ち着かせ、妊婦の兄、穏婆や腰抱女、周囲の人々の力を最大限引き出し、妊婦と妊婦を取り巻く人々の要として、それぞれの力を結集し、妊婦のいのちを救ったのであった。

この記録は、断片的とはいえ、妊婦をはじめ、穏婆、腰抱女の言葉、ふるまい、さらに感情の一端を映し出す。と同時に、理安は、地域の医者が見放すような難産の際に呼ばれ、しかも妊婦を救う力のある医者であったことを示す。

死産にみる女と子どものいのち

一関藩領内に残された「死胎披露書」には、流産、早産、死産、出産後死亡が堕胎・間引きの結果ではないことを証明する医者の「容体書《ようだいがき》」が添えられている。「容体書」に記された医者たちの名前(表3)からは、一九世紀初頭の一関城下と村々には、藩医のほか町医、在村医が

表３　「死胎披露書」に登場する医者たち（文化８年[1811]～天保12年[1841]）

武士の赤子の死胎（一関城下）	農民の赤子の死胎（狐禅寺村）
相田寿安（藩医，針灸科）	相田寿安
菊池純良（内科，漢方医）	菊池純良
佐藤俊蔵（藩医，内科）	佐藤俊蔵
白石恭安（内科）	白石恭安
熊谷秀益（内科，華岡青洲門下）	熊谷秀益
相田秀仙（一関町町医）	鵜浦有意（桶津村在村医）
大内龍安（藩医学校講師）	勝山景澄（門崎村在村医）
笠原裳庵（藩医，内科）	永沢玄裳（菊池純良門人）
佐々木潜安（藩医，内科，漢方医）	松婦綱治（菊池純良門人）
建部清庵（藩医）	黒沢元順（滝口村在村医）
千葉如泉	内沢三省（佐々木俊蔵門人）
日野玄俊	佐々木仙恭
嶺沢久安	七宮有義
森臨庵	

参考：八巻一雄「一関医学小史(下)」『仙台郷土研究』20-4号，1960年，一関市博物館『GENTAKU――近代医学の扉を開いた人々』2007年

数多く存在し、人々が医者を選択する状況が生まれていたことがわかる。

　産婆も数多くいた。文化八年（一八一一）から同一四年までに、藩から褒賞を貰った一関城下の八人の産婆が取り上げた赤子は六五二人を数える。城下の産婆は「女医者」「凡下《ぼんげ》洗母《せんぼ》」（凡下は足軽、扶持取り職人）の名で呼ばれた。その他、村々には藩が、「在方誠の素人産婆」「老婆共自技に臍帯続候者」と称したような、助産を依頼されるなかで経験的に助産技術を身につけた女たちがいた。そこには産婆を選択する状況も生まれていた。

　理安の居村の流峠村から直線距離にして一〇キロメートルほどの狐禅寺《こぜんじ》村には、理

安が医療活動を行っていたのと同時期の死産の記録、「西磐井狐禅寺村御懐婦死胎書上」(文化七年[一八一〇]〜文政三年[一八二〇])が残されている。この記録によれば、「難産の様子」のときは医者を呼んでいた。もっとも多く登場する医者は華岡青洲門下とされる熊谷秀益《くまがいしゅうえき》、次いで多いのは、滝口村の在村医、黒沢元順《くろさわげんじゅん》である。ここでは難産となった三つの事例をあげておこう。

甚太郎の女房は、文化九年一〇月初めから「不快」となり、熊谷秀益の療治を受けていたが、一九日早朝から腹痛となり難産の様子のため熊谷を迎えに行った。しかし、その療治を受けたものの二〇日昼八つ時(午後二時)ごろ、男子を死胎出産している。

また、弥蔵の女房は、同じ文化九年一一月初めから「不快」となり、熊谷秀益の療治を受けていたが、一七日から腹痛となり難産の様子となった。そのため、一八日早朝にかけつけた熊谷の療治を受けるが、翌一九日五つ時(午前八時)ごろ、女子を死胎出産している。

伊蔵の女房は、翌文化一〇年五月五日昼八つ時(午後二時)、腹が痛み難産の様子なので佐々《ささ》木仙恭《きせんきょう》の療治を受ける。しかし五月七日に男子を死胎出産している。弥蔵の女房も、伊蔵の女房も、腹痛が始まってから分娩まで、二日前後かかっている。難産とは、子どもが胎内で死んでしまったり、なかなか生まれないお産を指していた。

これら一関藩の死産事例からわかるように、難産は医者、平常産は産婆といった棲み分けがなされていた。しかし難産の際に医者を呼んだとしても、母体は救えても、胎児のいのちを救うのは困難だった。横産に苦しんだ喜太郎の妻の場合も、分娩した母が無事だったことは記されているものの、胎児についての記述はない。母体を救うには、分娩を終わらせる必要があった。そのためには、胎内の子どものいのちを犠牲にすることもあったろう。

産の処方

理安が残した処方集に『伝方記(松軒経験日誌)』(年未詳)がある。松軒は理安の号である。『伝方記』に記された処方のうち、「難産ニ伏龍肝」「胎死腹中痛」「胎衣《えな》不下」の三つは、いずれも難産に関する処方である。胎児が胎内で死んでしまう、胎盤が排出されない事態は、母体を死に至らしめるものであった。

実は『伝方記』は、元禄六年(一六九三)に水戸藩で刊行された『救民妙薬《きゅうみんみょうやく》』の写本である。『救民妙薬』は、刊行以来、何度も版を重ね、各地にその写本が残っており、広く人々の間に流布したようだ。編者、穂積甫庵《ほづみほあん》の序によれば、『救民妙薬』は徳川光圀《みつくに》の命により、医者も薬もない山間僻地の住民が求めやすい処方を集めたものである。その写本である『伝方記』は、

『救民妙薬』を受容した者のなかに医者が含まれ、医者たちが、民間療法普及の媒介者となっていたことを物語る。

しかも『救民妙薬』の写本に記された『伝方記(松軒経験日誌)』という標題からは、人々の間に「伝」えられた処方や「経験」を重視する理安の姿勢が読みとれる。理安は、人々が疾病や怪我を治すために培ってきた、生活の知恵の結晶ともいえる民間療法の価値を否定していなかった。むしろ人々のいのちを救うための経験的な処方を自らの処方に活かそうとしていた。少なくとも、そこには、民間療法を迷信として否定する意識は見られない。

『救民妙薬』に記された処方は一一七あるが、『伝方記』は、その約四割にあたる四六を写し取っている。しかも女についての処方は、難産のほか、「腰痛帯下」「赤白帯下」など、腰が痛む、おりものといった婦人病のすべてを写し取っている。産科医である理安は、『救民妙薬』のなかから、女についての処方をすべて記録しただけではない。『救民妙薬』では一〇五番目に記されている難産の処方を最初に記している。理安は、実際の必要に応じて『救民妙薬』を写し取ったのであった。

2　産と堕胎の両義性

民間療法の写本

『救民妙薬』の写本は、仙台藩の「赤子養育仕法」の実際を担った上層農民の家にも残されている。「赤子養育仕法」では、共同体を介した農民層の妊娠・出産管理がはかられ、農民のなかで志のあるものを「赤子制道役」に任じ、農民への教諭にあたらせた。

奥郡東山南方増沢村（現・一関市藤沢町）の岩山家は、赤子制道役や肝煎《きもいり》を勤めた家である。そのため岩山家には、妊娠・出産管理制度のなかで作成されたさまざまな史料群や民間療法の写本、当主の手になる妊娠、出産をめぐる占いを記した「よろつおぼい（覚え）かき」という国言葉の標題を持つ覚書も残されている。

その一つ『甲斐徳本《かいとくほん》』と題された写本もまた、『救民妙薬』の写本である。本来の名も定かでなくなりながら、仙台藩の上層農民にも『救民妙薬』が流布していた。着目したいのは、『甲斐徳本』という標題である。甲斐徳本とは、諸国を流浪し、安価で医療を行い、民衆の病を治したとされる、戦国時代後期から江戸初期の医者の名前である。その医者の名を冠した標題からは、病を治すことへの人々の期待がうかがえる。

『甲斐徳本』は『救民妙薬』の処方をほぼ忠実に写し取っているが、「わらんべ」(小児)は「ワラシヘ」、「ぬるで」(ウルシ科の落葉小高木)は「ヌカテ」など地域の言葉も用いられ、地域の実情に応じた書き替えのあとが見られる。このうち女に関する項目は『救民妙薬』の女の処方五つのうち四つを写し取っている。

岩山家には、そのほかにも、「下田ノ　鹿野喜右衛門」という署名がある『妊者之脈例《ニンシャノミャクレイ》』と題された写本がある。下田は、岩山家がある増沢村の字名である。残念ながら、これについては、その署名と字体から、岩山家の居村に住んだ人物の、おそらくは江戸後期の写本ということしかわからない。

この『妊者之脈例』もまた「薬ヲブクシテ」(薬を服して)という国言葉や、「疱瘡」には「もかさ」、「紅花」には「コウクワ」という地域の名称に準じた振り仮名が振られ、仙台藩東山地方の村々の生活と深く関わる処方集といえよう。『妊者之脈例』には、月経や難産をめぐるさまざまな処方が記され、女の身体に着目した処方集である点が興味深い。

月経に関する処方、妊娠かどうかの見分け方、妊娠中、臨産(出産しようとする場合)、胞衣《えな》(胎盤)が下りない場合、産後、乳汁が出ない場合といった具合に、妊娠、出産、産後のプロセスにそって記されている。『妊者之脈例』という標題を持つゆえんだろう。妊娠、出産を無事に乗り切ることは人々にとって大きな課題であった。

注目すべきことに、月経が止まる、あるいは難産で胎児を分娩できない場合の処方は、堕胎にも用いられるものであった。月経が止まることは、妊娠のしるしでもあり病気のしるしでもあったが、月経をもとに戻すために、また難産の場合は、胎児を母体から排出し母のいのちを救うために、堕胎作用のある処方が用いられたのである。

月経をめぐるさまざまな症状(「月水調《ととのは》ラズ」「経水タマ〳〵キタリタマニ留リ」「経水アラク下ラバ」)に用いられるのは、「当帰《とうき》」「川芎《せんきゅう》」といった通経作用、子宮収縮分娩促進作用のある植物や、「芍薬《しゃくやく》」といった腹痛緩和作用のある植物である。これらはいずれも、堕胎作用を持つ。

また胎児が胎内で死に、分娩できない場合には「紅花《コウクワ》ヲ酒ニテ煎ジテ三盞《サンサシ》ヲ服スベシ」と「紅花」が、胎盤が出てこない場合には「牛膝湯」「牛シツ」「紅花」が用いられる。これらも、堕胎作用のある植物として知られる。難産で母と子が危険な状態に陥ったときには、母のいのちを救うために胎児を犠牲にする場合もあったことをうかがわせる。

もっとも、これらの植物が果たして堕胎剤として使われたかどうかは、この処方集だけではわからない。ただ、農民たちが、両義的作用を持つ処方を手にしていたことに注意する必要がある。

子のいのちより母のいのち

「死胎披露書」には流産、早産が多く見られ、しかも死産の多くは妊娠末期の早産である。ところが奇妙なことに、『妊者之脈例』には流産、早産の処方がない。それはなぜなのだろう。人々が恐れたのは、流産、早産ではなく、難産のほうであった。難産とは、『妊者之脈例』によれば、横産、逆産など「手ヨリ生レ或ハ足ヨリ生レ」る場合や、「日ヲヘテ生レザル」場合、あるいは「産ニ及ビ多ク血ヲ下シ子腹中ニ死」ぬ場合を指していた。横産、逆産、そして大量出血や胎児が胎内で死ぬ事態は、流産、早産以上に母体を危険に陥れるものであった。母親のいのちを守るためには、胎児を母親の身体から排出させ分離する必要があった。母親さえ無事であれば、たとえその子が死んでも、また次の子どもを産むことができるからだ。

確かに、「死胎披露書」には、胎児より母体を重視する記述を見ることができる。岩山家の居村、増沢村とも近い藤沢本郷町(現・一関市藤沢町)の組頭《くみがしら》、惣作の嫁が男子を死胎出産した際の「死胎披露書」(年未詳壬四月、嘉永五年[一八五二]か)には、初孫の死は残念だが、母が無事で安堵している(「初産初孫之事ニ而家内もおしき事ながらも無是悲[非か]まずもって母無事之所安堵罷在《まかりあり》候次第ニこれあり」）とある。ここには初孫の死を惜しみつつも、家の維持・存続のために母のいのちのほうを重視する意識が見られる。

流布する「堕胎之事」

『救民妙薬』は、その刊行時には「堕胎之事」を含んでいた。しかし、堕胎の方法が人々の眼にふれることへの批判のなかで、増補版では、目録、本文から「堕胎之事」は削除される。にもかかわらず原本の一部を欠落させた『甲斐徳本』には「堕胎之事」が含まれている。そればかりか、原本にはない一文まで書き加えられているのである。

『救民妙薬』の「堕胎之事」には、母体の安全と堕胎の効果の面から「服薬」より「さし薬」がよいとされ、「さし薬には牛膝牛蒡大根やうの物よし。麝香《じゃこう》を少其《その》先に付れば効あり」と具体的な堕胎の方法も記されている。また堕胎の時期は、妊娠四カ月末以降、つまり妊娠五カ月からがよい、妊娠四カ月末以前の堕胎は胎児がまだ形をなしていないので「大に脱血」し危険（「四月より末よし。其前ハ胎未成ゆへに大に脱血する事あり。よく〳〵慎むべし」）とされた。堕胎は「脱躰」と表現されることもあったが、そこには胎児が形を成す妊娠五カ月以降に母体と分離するほうが安全という、現代とは異なる胎児観、堕胎観があった。

「堕胎之事」の末尾は、「不如意《ふにょい》なる者子をまびくと云て。十月に盈《みち》て生《うま》るゝ子を押返事《おしかえす》はなハだ不仁の所為なり、可戒々々《いましむべし》」という一文で閉じられる。ところが、『甲斐徳本』では、それに加え「若無是非事《もしぜひなきこと》ニテ間引ナラバ前ニ云指薬《さしぐすり》ヲナスベシ」との一文が書き加えられている。「子を間引くことは大変不仁だから戒むべきだ」とする原本に対し、「もし仕方なく間引くならばさし薬を用いよ」、つまり「間引くよりは堕胎せよ」との一文が書き加えられているのである。

今までの堕胎・間引き研究では、出生直後の赤子を殺すことを「間引き」、妊娠中の母親の胎内にいる胎児を殺す、今でいう妊娠中絶のことを「堕胎」と一般に規定してきた。しかし、「堕胎之事」のなかに「まびく」と記されているように、堕胎と間引きの区別はそう判然とはしていなかった。

『甲斐徳本』に書き加えられた「若無是非事ニテ間引ナラバ」の一文からは、「不仁」と知りつつも「指薬」を用いる、つまり堕胎することへの葛藤と、間引くよりは堕胎のほうがましという堕胎に対して許容的な意識も見てとれる。と同時に、「指薬ヲナスベシ」、つまり「さし薬」を使うようにという文からは、安全で確実な堕胎の方法を求める心情もうかがえる。『救民妙薬』の増補版で削除された「堕胎之事」が流布していった背景には、安全で確実な堕胎の方法を知りたいという人々の要求があったのではないだろうか。さらに探ってみよう。

『救民妙薬』刊行の六年後の元禄一二年（一六九九）に刊行され農民の間にも流布した『呪詛《じゆそ》調法記《ちょうほうき》』からは、安全な堕胎の方法への人々の要求が見てとれる。それが「子返乃《こへんするの》大事《たいじ》」（図11）である。このまじないの書には、このほか、「なんざん乃符」「子むまれ（生まれ）かぬるにのむ符」「腹の内にて子死たる符」「なんさん（難産）にてうミかぬる符」「胞衣のをりざる符」など、難産をめぐるまじないが多く記されている。そこで要求されているのは、符を飲む、つまり薬のように体内に入れることであり、近世のまじないの特徴は、医療との境界が曖昧な点にあった（小池淳一）。しかし、「子返乃大事」には、次のように、堕胎の具体的な方法が記されている。

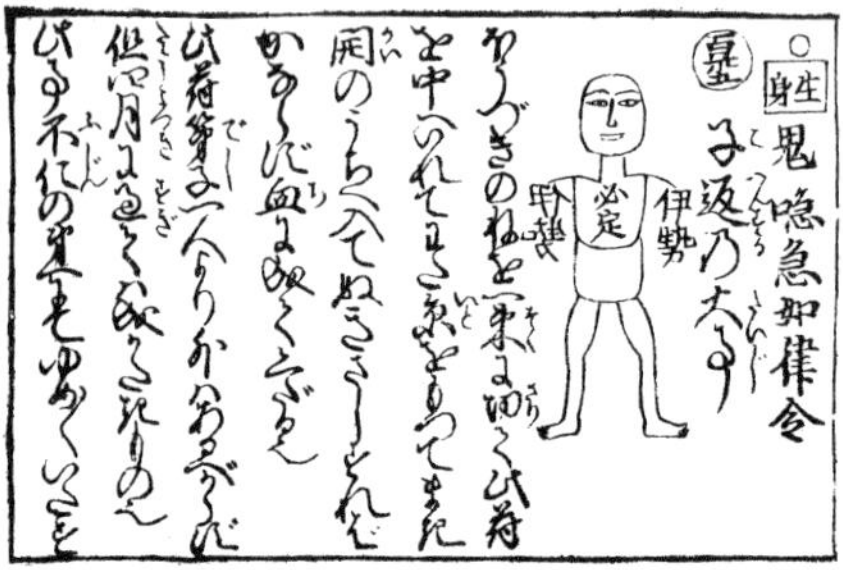
図11 「子返乃大事」『呪詛調法記』（『重宝記資料集成』第16巻，臨川書店，2006年より）

ほうづきのねを一束《そく》に切《きり》て此符を中へいれてわた糸《いと》をもつてまき開《かい》のうちへ入てぬきさ

しすればかならず血に成りてくだる也
此符弟子《でし》一人より外ハあるべからず、但四《ただしよ》月《つき》に過《すぎ》てハ成りがたきもの也、此事不《ふ》仁《じん》の第一にてゆめ〱いたすことなかれ、不《ふ》如意《にょい》なるもの子をまびくといふて十《と》月《つき》にミちて生《むま》る子をおしかへす事、はなはだ不仁の所為なり、いましむべし、我《わが》胸にある事也

末尾の文は『救民妙薬』とほぼ同じだが「我胸にある事也」、つまり秘密を守ることとの一文が加えられている。しかも『咒詛調法記』の大半が符を飲むまじないであるのに対し、「子返乃大事」には、ほおずきの根を用いる堕胎の具体的な方法が記してある。安永一〇年(一七八一)には『増補咒詛調法記大全』という増補版が刊行されるが、そこにも「子へんするの大事」が含まれる。その背後には堕胎の具体的な方法を求める人々がいたことがうかがえる。

書き換えられる「堕胎之事」

仙台藩では、『救民妙薬』の写本が人々の間に広く流布したようだ。幕末になると、それを逆手にとった教諭が藩によってなされていく。安政五年(一八五八)、仙台藩では、『救民妙薬』を模した『救民単方《きゅうみんたんぽう》』が、藩主伊達《だて》慶邦《よしくに》の命を受けた仙台藩の儒医であり婦人科教授でもあっ

た佐々城《ささき》朴安《ぼくあん》によって書かれる。『救民単方』は、中風、疫痢を除き、「沙病之事」が追加されたほかは、ほぼ『救民妙薬』を模している。しかし『救民単方』には『救民妙薬』の増補版では削除された「堕胎之事」が加えられ、しかも、堕胎・間引きの悪を説く内容に書き換えられている。

「堕胎さする事ハ不仁の第一にて諸医のすべき事にあらず」としたうえで、「辺僻《かたいなか》の地にて子を間引《まびく》と云《いふ》て収生婆《とりあげばば》に託《たのみ》て堕胎薬《おろし》と云を用ひて密《ひそか》に堕《おろ》し捨《すて》るも有り、堕しそこねて死する者多きを見ても恐るるを知らず、又已《すで》に臨月《うみづき》に満《みち》て生るゝを待て此を絞《くび》り殺して土中に埋め流水《ながれ》に投捨《なげすて》る者もあり、間引《まびき》と云て然《しか》のミ恥《はづ》とも思ふ事もなき」とする。

このように『救民単方』は、母体にとっての堕胎の危険性と堕胎・間引きの悪を教諭する内容となっている。それは、『救民妙薬』の「堕胎之事」が写本として広く人々の間に流布し、また産まない選択を助ける産婆が存在していることに対応した教諭であった。その教諭の特徴は、堕胎・間引きの実行者を「深山」「辺僻《かたいなか》の地」の「愚痴《ぐち》」な「穏婆《おんば》」として描き出し、穏婆の蒙昧《もうまい》に対し「諸医のすべき事にあらず」と医者を対比させる点にある。女たちの産む、堕ろす、間引くことは、藩、共同体、家、医者、産婆、男、女、さまざまな利害が交錯するなかにあった。

3　堕胎を試みる女たち

「小の虫」とは何か

理安と同時期に、一関城下で診察を行っていた藩医、建部清庵《たけべせいあん》(三代目建部清庵)の診療の様子を弟子が記録したものに『医方随筆』(文化八年[一八一一]春〜同九年一〇月頃)がある(大島晃一)。そこには、流産で受診する女性のなかに堕胎薬を用いたものがいたことを疑わせる記述がある。次の記述がそれである。

婦人産前前後、小産落シ薬抔ヲ用タモノニ虫出生スルコト多。能々《よくよく》心ヲ付、病症ヲミルベシ

出産前に「小産落シ薬」(堕胎薬)を用いた女性に、「虫」が「出生スルコト」が多いので、よくよく気をつけるように、とあるのは、堕胎薬を実際に用いる女性がいたことを物語る。では「虫」が「出生スル」とは、一体何を意味しているのだろうか。その手がかりは、この

診療記録の一八年後の文政一三年(一八三〇)、江戸の町医者、平野重誠《ひらのじゅうせい》によって著された『坐《ざ》婆必研《ばひっけん》』(別名『とりあげばゝ心得草』)にある。

産婆の心得や助産技術を具体的に述べた『坐婆必研』には、産婆たちのなかに、賀川玄悦《かがわげんえつ》が母を救うために創始した、鉤《かぎ》を使って子宮内から死んだ胎児を引き出す回生術を使う者がいるとある。その際、鉤を使うための言い訳として、小さな虫を殺して大きな虫を助けることが道理にかなっているという世間の「俗謡」が、用いられているというのだ。

難産の際、母と子のいずれを助けるかという場合に、大の虫(母)を助けて小の虫(胎児)を犠牲にすることが、子のいのちを犠牲にしても母を助けることの言い訳とされていた。平野は、賢いか愚かかもわからない胎児を、虫の大小にたとえることは道理にもとるとしている。『医方随筆』にある「虫」も、同じく胎児を指しているとみて間違いないだろう。

胎児を「虫」と表現することは、近代以降にも見られる。『山陰新聞』の明治一九年(一八八六)二月三日の記事には、妊娠八カ月で死産した赤子の死体を自分で埋葬した女性を批判する「如何《いか》に吾が胎内《はら》に生《おい》た虫とは云へ左様《さう》も軽々しくやられては溜《たま》るものかや」という医者の言葉が紹介されている。

百姓平之助の教諭書

　堕胎を試みる女についての記述は、仙台藩の赤子制道役、百姓平之助の書いた間引き教諭書『鴟《もず》の囀《さえず》り』（文化一一年［一八一四］）にもある。間引き教諭書のなかでも、ひときわ特異な「鴟の囀り」という標題には、農民でありながら、藩の意向にそって農民に教諭しなければならない平之助の矛盾する立場が表現されている。

「鴟の高鳴き」と呼ばれる鋭い鴟の声は、「囀り」という優しげで心地よいものとは程遠い。この標題からは、平之助の赤子制道役としての自負とともに、その教諭が農民たちにとっては耳障りなものとして響くだろうと平之助が感じていたことが透けて見える。

『鴟の囀り』には、「赤子養育仕法」の制度化が農民たちに与えた影響も記される。平之助は、「我村里のならハし（風俗、慣習）に、我子を殺して、戻すと名づけ、常としてあやしまず、或《あるい》ハ兄と弟、其《その》間ちかければバ、是《これ》を殺して、間引と名づけ」幾人子を産んでも、三、四人養育するのは稀だと言う。さらに平之助は、妊娠、出産が厳しく取り締まられるなかで、死んで生まれた（「死胎」）、月が満たないうちに生まれた（「半産」）、生まれて数日で病死したなどと偽って子殺しを隠蔽したり、堕胎薬（「おとし薬」）を用いる者もいると述べる。

　平之助の教諭からは、農民たちが、子殺しは「戻す」、出生間隔をあけるための子殺しは

「間引」と、同じ子殺しでも二つの方法を区別していたことがわかる。さらに、罪と意識しているがゆえに、「死胎」「半産」と偽り、「殺す」ではなく「戻す」「間引」という言葉を用いる農民たちの葛藤もうかがえる。

平之助は、幾人産んでも、子ども数は三、四人以内に制限されているとするが、仙台藩の「赤子養育料支給願」には、子どもが四人から五人だと「子沢山」と記される。ちなみに一関藩の狐禅寺村の文化七年(一八一〇)の「子供四人以上生育者書上」によれば、この年、戸主一五六人、総人数八〇〇人の村で子どもが四人以上いる家は一軒もない。

さらに平之助は、「夫なき女、おとし薬を用ひ、命まで失ふものあり、是恥を志る(知る)に依て、大なる恥を志らず、始めをつゝしまず」と述べ、「夫なき女」がひそかに堕胎薬を用いるのは、恥を知っているからだと女たちの心情を推し量る。しかし他方で女たちに、そもそもの性行為を慎まねばならない、ひそかに堕胎薬を用いたとしても、まわりの人々は、皆、そのことを知っているのだと教諭する。

妊娠の結果としての堕胎を取り締まるには、性そのものを管理せねばならず、その管理は共同体によってなされねばならない。そうした赤子制道役としての平之助の認識が見てとれる。教諭は、未婚の女たちに対してもなされる必要があった。

百姓仁平治の教諭

『鶉の囀り』が書かれた翌文化一二年（一八一五）、仙台藩の赤子制道役となった黒川郡鶉崎《うずらさき》村（現・宮城県黒川郡大郷町）の仁平治は、その秋、鶉崎村も含む大谷《おおや》村々の肝煎《きもいり》、組頭、そして一三歳から五〇歳までの女たちを集め教諭を行っている。仁平治の教諭は次のようなものである。

赤子養育については八年前から（「赤子養育仕法」が制度化されてから）、赤子養育方横目の亀井新五郎様が、毎年、春と秋の二回廻村し、昼の御泊所へ肝煎、組頭といった役付はもちろん、村内の長寿の者、一人か二人を呼び、家内はもちろん、組合の者や「隣家の婦人共」にも洩れなく申し聞かせるようにと仰せつけられてきた。しかし、次第に「妻子」などに教諭しないままとなったため、「死胎半産又ハ小産血荒《ちあれ》之類」が「数多」く出ている。それは「懐婦共」が赤子養育の趣旨を知らず、今までの堕胎・間引きの悪習を忘れず、身を慎まず、食事についても気をつけないことによるものである。

仁平治も、平之助同様、「死胎」(死産)、「半産」(流産。この場合は月不足の早産)、「小産」(妊娠七カ月未満の流産)、「血荒」(妊娠初期の流産)は堕胎・間引きの疑いが濃いとし、農民たちが「まびく」「おしかえす」と呼ぶ行為は「殺す事」にほかならないと説く。また仁平治は、それらを防止するには、男たちへの教諭ではなく、女たち、とりわけ産む当事者である「懐婦共」に直接教諭することが重要だと考えていた。

では、なぜ一三歳から五〇歳までの女たちを集めたのだろう。教諭がなされた文化一二年の黒川郡大谷山崎村の「高人数牒《たか》」(宗門人別改帳)によれば、村には五〇歳以上の女たちもいるから、村の女たち全部が集められたわけではない。集められたのは、懐妊の可能性のある女たちだったと思われる。

ちなみに一関藩の「嘉永五年閏二月~十二月中迄三ヶ郡懐妊女一紙書上」には「可妊女」「懐妊女」「不妊女」の人数が記載され、狐禅寺村の「長女書上」(文化八年[一八一一]四月)には、「長女」は「拾五歳より四拾五歳迄」とある。両者を重ね合わせると、教諭の場に集められたのは、「可妊女」「長女」、つまり妊娠の可能性のある女たちと考えられる。

では仁平治は、女たちにどのように教諭をし、また教諭の場に身を置いたことは、女たちにとってどんな意味を持っていたのだろう。仁平治の教諭の特徴は、農民の女たちの生活や労働と接点を持った形でなされた点にある。仁平治は、「横産」などの難産は「孕《ハラミコ》」ばかりでなく「母の身」を損ない、「家の喪ふ根元になる事」が世間には数多くあるとする。しかし、妊娠中の家事や労働のありかた、たとえば、水汲みや薪を運ぶときにも、一度にせず三度に分けてするなど注意することで、転倒による怪我、食傷(食あたり)による難産は防げると説く。

それは、死胎、流産の理由に転倒や食傷が多くあげられること、女たちが難産を恐れていることに対応した教諭であった。実際、「死胎披露書」からは、女たちが臨月になっても過酷な農業労働に従事していたことが読みとれる。

では、仁平治の教諭は、その場に身を置いた女たちに、どう受け止められたのだろう。それを知る手がかりは仁平治の留帳には残されていない。しかし仁平治の教諭は、難産への恐れともあいまって、未婚の娘たちにも、家の維持・存続の重要な要としての自らの産む身体や妊娠への自覚を促したのではないだろうか。

仁平治の教諭がなされた文化一二年の黒川郡大谷山崎村の「高人数牒」と、その五〇年後、いわば教諭を聞いた女たちの子どもや孫の世代にあたる文久二年(一八六二)の「高人数御改牒」を比較すると、興味深い変化が見られる。「長男」は減少(一二七人から一〇九人)しているのに対し「長女」は増加(九六人から一三五人)し、子どもについては「童男」(四六人から七七人)「童女」(四一人から六七人)とも増加している。

もっとも、仙台藩黒川郡の一農村の女と子ども数の増加が、妊娠・出産管理制度や仁平治の教諭とどう関係していたのかはわからない。ただ五〇年の間に、産む女の身体への配慮や、産む、産まないことの選択をめぐっての何らかの変化、さらにその背後に家の維持・存続への意識の高まりがあったことを予測させる。

江戸時代の出産において最終的に救うべきとされたのは母のいのちであり、そこには生きる場である家の維持・存続への願いがあった。家にあって母は重要な農業労働の担い手であるとともに、いのちをつなぐ子どもを産む存在であり、労働と生殖の観点から母のいのちが重視されたのである。

第四章　買う男、身を売る女——太助の日記

1　性買売の大衆化

性の買い手、売り手の広がり

江戸時代の性の場は、大きくは「家」と「遊所」に区分されていた。ここまで家のなかの女と男の性について見てきたが、では、家と遊所は、買う男、身を売る女の側から見るとき、どのような関係にあったのか。本章では、女と男の性と生をめぐる経験に即して家と遊所の関係を考えてみたい。

江戸時代初頭、幕府は町人からの願い出を許可する形で、大都市の三カ所の遊郭、吉原(江戸)、新町(大坂)、島原(京都)を公認する。その後、江戸後期には、半公認の遊郭＝遊所が全国各地に広がり、天保期ごろには遊所の番付の印刷物が市販され、人気を呼んだ。

図12の「諸国遊所見立角力并ニ直段附《しょこくゆうしょみたてすもうならびにねだんづけ》」は天保期の番付である。吉原は「西之方」の大関、新町は「東之方」の大関、島原は「勧進元」に位置づけられている。ここには、北は松前から南は長崎まで二〇一カ所の遊所の番付が記され、遊所の全国的な広がりが見られる。

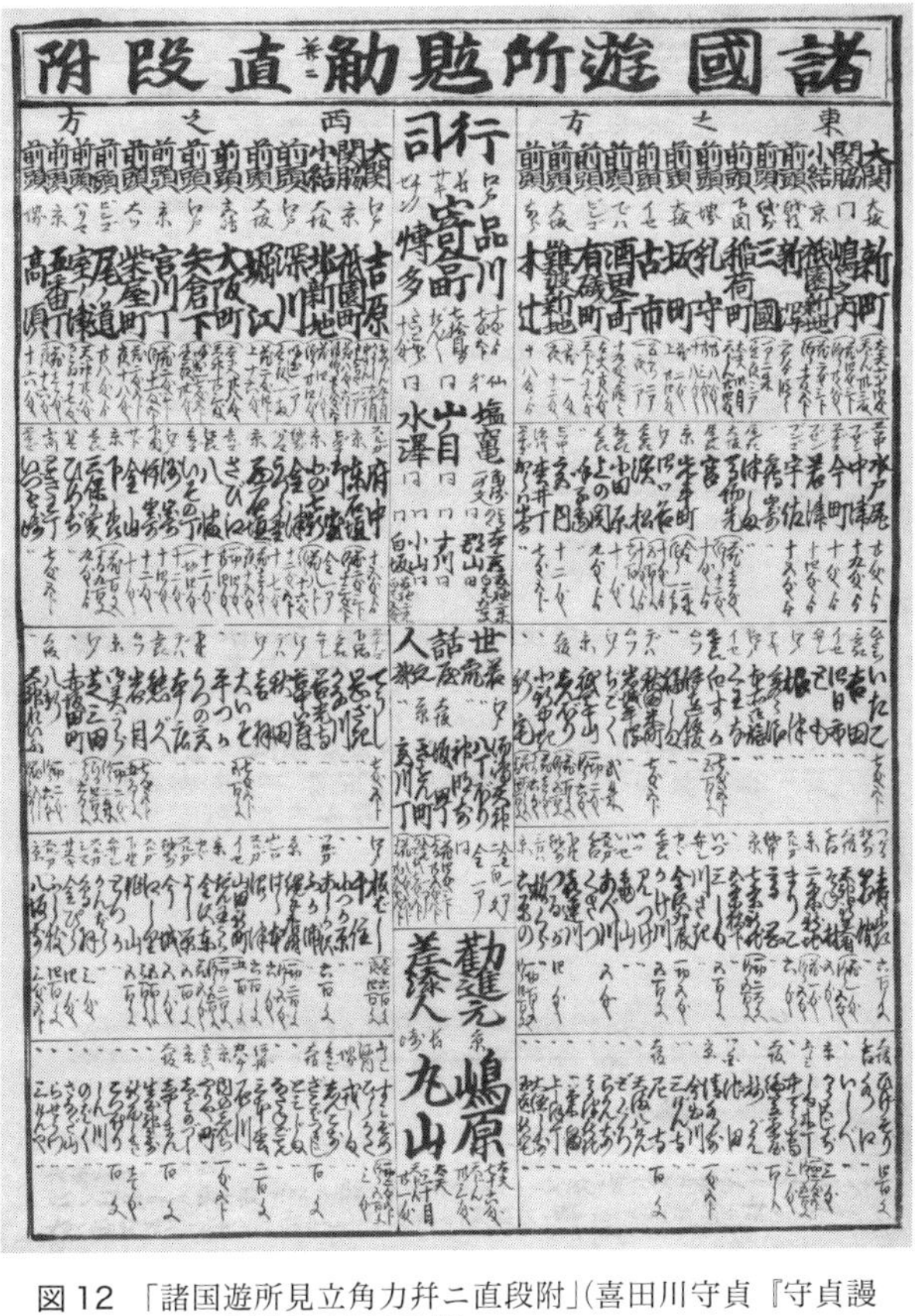

図 12 「諸国遊所見立角力并ニ直段附」(喜田川守貞『守貞謾稿』より．国立国会図書館所蔵)

遊所が全国に広がった江戸時代を、かつて曽根ひろみは、「女性の身体が商品として純化され、売春が形態のうえでは多様化し、性の買い手・売り手ともに都市下層民にまで拡大した」「売春社会」であったとした(『娼婦と近世社会』)。

一方近年の研究は、男が女を買うことを問題にする視点から、「売春」「売買春」ではなく「買春《かいしゅん》」「買売春」の語を用いるようになっている。さらに吉見義明は、「買売春」の「春」という語には、「楽しさとか、慕いあう心とか、エロスの強調の意味があり、実態と異なる」として「性買売」と言い換え、ただし「買春」の語にあるいかがわしさは実態に合っているので、生かしたいとしている(『買春する帝国』)。

本書では、買う男・身を売る女の実態にせまるために、近年の研究動向に学び、「性買売」「買春」の語を用いたい。江戸時代の性買売に登場するのは、幕府、遊所、家、男、女である。本章ではとくに性買売の当事者である男と女、そして性買売と彼らが生きる場である家との関わりに焦点をあてる。

太助の「大保恵日記」

江戸時代には、「諸国遊所見立角力幷ニ直段附」には記されていない遊所も数多くあり、遊所は全国津々浦々に広がっていた。その一つに出雲《いずも》国の遊所がある。出雲国内には、松江城下の和多見《わだみ》町、門前町の杵築《きつき》、港町の美保関《みほのせき》の三大遊所があった。また、これら藩公認の遊所の他に非公認の売女が存在していた。松江藩の触れからも、そのことはうかがえる。松江藩は嘉永三年(一八五〇)七月七日に、「売女同様」の行為をしている「御国内之者」や「他国者」あるいは「自分稼《じぶんかせぎ》」の女たちを取り締まるよう触れを出している。性を売る「自分稼」の女たちの広がりは、手軽で安価な性買売市場の広がりを物語る。

この出雲国、松江城下に生きた一人の町人、太助の日記には、自らが生きた場の遊所や遊女、遊女を買う男たちの姿のみならず、太助自身も遊女を買ったことが記されている。女を買う男の姿や心情を史料のなかに確認するのは難しい。そうした史料的制約があるなかで、太助の日記は注目すべき史料である。

江戸後期松江城下の遊所、和多見町にある豪商、瀧川伝右衛門家(屋号は新屋《あたらしや》)の分家に長く奉公した太助は、一九世紀前半の文政九年(一八二六)から安政元年(一八五四)までの約三〇年間、太助の生涯でいえば四七歳から七五歳まで「大保恵日記《おぼえにっき》」と題する四冊の日記を書いている。

この日記には和多見町の一〇軒の置屋と三九人の遊女の源氏名が書きあげられ、源氏名には壱から十九までの番号が付されている(文政九年一一月二日)。おそらく遊女の番付だろう。一〇軒の置屋は、それぞれ二人から多くても六人の遊女を抱える小規模なものだったようだ。

そのほか日記には、性を売る女たちが、遊女、売女、酌取女《しゃくとりおんな》、下女、芸子、小女、抱女《かかえおんな》、女郎とさまざまな名称で登場する。性を売る女たちが多様に存在し、買う男たちの階層もさまざまであった。日記には武士、そして太助も含めた町人の男たちが遊女を買ったことが記される。

買う男たち

置屋の神門屋《かんどや》での上級藩士、有沢家の若連中たちの年忘れ浄瑠璃の座敷には、加賀太夫、八重太夫の二人の遊女が呼ばれている（文政一二年一二月二〇日）。武士層は「遊女らを買い候」客（嘉永二年五月一八日）であった。しかし買う男は、武士だけではない。太助が嘉永四年（一八五一）に、およそ二〇年前の天保三年（一八三二）の出来事を思い出して書いた「旧記」には、隣家の紺屋兵平衛が福村屋へ行き、遊女を弔ったこと、何でも銭で遊女を買ったが、俄《にわか》に疝気《せんき》（激痛を伴う内科疾患）が起きて死んだとのことだと記されている（「天保三壬辰年之旧記、天保三年四月二一日」）。もっとも、もとの天保三年四月二一日の日記には、疝気が起きたのは兵平衛だとあり、遊女が死んだとは書かれていないので、真偽のほどはわからない。ただ、太助のなかで印象に残ることとして遊女の死があったとはいえそうだ。また、たとえ身体が蝕まれていたとしてもその性を売らざるを得ない、性買売の過酷さを物語る出来事でもあったろう。

　このとき弔った遊女については、名前も年齢もわからない。しかし、和多見浄心寺の文化一二年(一八一五)五月三日の過去帳には、和多見遊郭に売られ二二歳で死んだ「抱女」の記録がある。過酷な生活のなかで遊女の多くが若くしていのちを落とし、苦しい勤めからの逃亡や心中未遂が女たちの身体を傷つけ、蝕み、いのちを奪った。逃亡や心中未遂は、置屋に大きな損害を与えるものとして、見つかれば厳しい折檻《せっかん》を受けたのである。

　置屋の魚屋宗助が抱えている梅竹が逃げたときは、寺町の八百梅(通称カ)という者が自らの畑に隠し、また左近小路の熊吉は、置屋八百屋の女を連れて逃げている(嘉永元年四月七日)。心中未遂もあった。塗師《ぬし》清十の倅《せがれ》の虎は中嶋屋の遊女千鳥と心中するつもりで、塗師屋の菊五郎の家で出会い、千鳥の喉首に「刃物突込」殺しかけた。しかし、千鳥が苦しむのを見て怖気づき逃げたため、親の清十が番所に行っている(嘉永五年六月一二日、一四日)。

　これらの記述からは、町人の、とくに未婚の男たちが遊女を買い、逃亡を助け、あるいは馴染みとなり心中をはかった様子がうかがえる。遊女たちにとっては、町人のほうが武士より情を交わしやすい相手だったのだろうか。家中《かちゅう》の武士に頼まれた太助が、夜中の五つ頃(午後八時頃)湯町屋に行き、売女を頼んだが「御家中様は断り致《いたし》候」と言われたとある(嘉永五年四月二八日)。それは、遊女たちの出自ともかかわっていた。

日記には、太助自身も、隣国の伯耆《ほうき》国で遊女を買ったこと、そして遊女たちの出自も記されている。太助が観音寺への参詣のため米子《よなご》に一〇日ばかり逗留しているときのことである。酒の他に贅沢(「奢」)をしていないのと、同行の佐田屋亦蔵のご機嫌を取るため「酌取女」を招いたとある。やってきた「酌取女」は三人。「皆新町之売女也」とある。「酌取女」とは、酒席に出て酌をする女のことだが、実は身体を売る「売女」であった。その売女を買うことは非日常のなかの贅沢と太助が受け止めていたことが日記から見てとれる。また亦蔵の機嫌を取るために売女を招いたとの記述からは、売女を買うことへの太助の後ろめたさもうかがえる。

売女の一人は、二二歳になる松江茶町紙屋小路生まれのお琴で佐田屋甚兵衛のいとこだという。一人は出雲国神門《かんど》郡大津生まれの一八歳。昨日米子に来て今晩初めて「売ニ出」るという。もう一人は出雲国安来《やすぎ》生まれの一六歳。太助の相手となったのは一番年長の二二歳。太助は、初めて売りに出た売女を吉三郎の相手に、最も若い一六歳の売女を亦蔵の相手にあてがっている。太助は、年長の女を相手にするのは、はなはだ気に入らなかったが、亦蔵を「押《おさえ》ル為」、つまり自分の言うことをきかせるためにそうした、と記している(文政九年九月二六日)。

この日記の記述からは、売女を商品とみなし、年長ではなく若い売女、しかも初めて売りに出た未経験の者ではなく、性経験のある売女をよしとする買う男たちの意識がうかがえる。また、前日に来たばかりの売女が、翌日には売りに出されるという記述に注目したい。「売女」とは、芸や性的技巧などが求められる存在ではなく、文字通り生身の身体を商品として売ることを生業《なりわい》とする存在であった。

売女たちはいずれも出雲国の生まれ。そして妻子持ちの太助が売女を買うのは、隣国の伯耆国である。そこには、自国で性を売るのをはばかる女たちと、自国で売女を買うのをはばかる太助の気持ちが垣間見える。宿場町などでは、地元男性の遊郭利用が禁止されている場合も多く、江戸時代の性買売のありようは、自分が家族とともに住む同じ都市空間、日々の生活時間のなかに買春が組み込まれている近代の「大衆買春社会」(横田冬彦)とは、その性質を異にする。

売られる女

松江の和多見町の遊女の多くが他国出身者だったことは、太助の書いた「請状《うけじょう》」からもうかがえる。太助は、置屋の嶋屋善四郎に頼まれ、大坂へ下女を抱えに行く願書(嘉永元年七月二〇日)や、米子から遊女を抱える際の抱え奉公請状(同年七月二七日)を作成している。他にも伯州西町六之助娘りのの五年切《ぎり》、二〇両での下女奉公請状(同年一〇月二四日)、米子東町唐津屋吉郎右衛門娘房《ふさ》の奉公手形請状(同二年七月二〇日)、同じく米子から下女を丸六年一六両で買う証文(同四年)の作成も行っている。

これらは、年季奉公契約の形をとってはいるが、実は身売り奉公であった。しかし、それが罪に問われることはない。嶋屋善四郎は、大坂へ下女を抱えに行く際、娘のおすてを連れていった咎《とが》で、「戸〆《とじめ》」(門を貫《ぬき》で筋違いに釘打ちする刑罰)、過料銀三〇目の罪に、また向こう三軒両隣も「御呵《おしかり》」となり、太助は見舞いに行っている(嘉永元年一一月五日)。しかし罪に問われたのは娘を同行したためで、嶋屋の買売春稼業が罰せられたわけではない。

身売り奉公のため、大坂から和多見にやってきた娘の「宗門寺請状之事」が、和多見町の西光寺文書のなかに一通だけ残されている。天保一五年(一八四四)五月に、大坂中寺町の久本寺から和多見町の置屋中嶋屋林助に出された「宗門寺請状之事」がそれである。そこには、大坂長堀次郎兵衛門町、灘屋安治郎借家卯七の娘たけが、酌取女として中嶋屋に雇われたことが記されている。請状には、たけを「酌取年季奉公」に出したいと願い出た父親の卯七の考え通りに「たけを人別帳に書きのせること」、また「年季中に思いがけず(不慮に)死ぬような場合は、その所の御法に任せて取り捌《さば》いてください。首尾よく年限を勤めたならば、すぐ人別を返してください」とある。

この請状は、借家住まいの都市下層民の娘が酌取女の供給源であったことを示す。とともに、都市下層民の渡世のための性買売が、親の願い出として認められたこと、また娘を年季奉公に出すことは、親権の放棄であったことも示している。この請状からは、「年季中に思いがけず死ぬような場合は」、そして「首尾よく年限を勤めたなら」と記すほど、その奉公が厳しかったことをうかがわせる。ちなみに長堀次郎兵衛門町は、長堀川をはさんで大坂新町の遊郭に接する町である。しかし新町の遊女になるよりは、遠く離れた出雲国の「酌取年季奉公」のほうが、まだましという判断が親の側にあったのだろうか。

遊女の逃亡、折檻

和多見町の置屋は一つの区画に集中してはいるが、吉原のように塀や堀で囲われた「廓《くるわ》」ではなかった。が、周囲を囲われていないからといって遊女たちに自由があったわけではない。性を売る商品である遊女の逃亡に対しては厳しい折檻がなされた。逃亡をはかった嶋屋の重ノ井は嶋屋善四郎の母から打擲《ちょうちゃく》され（天保二年三月四日）、中嶋屋の戸蝶《こちょう》は、見せしめのためだろう、売女を残らず和田屋に集めたなかで打擲されている。しかも日記には、こうした折檻は「和多見売女法合之由」と、和多見の売女の法にのっとった行いであると記される（嘉永二年一

○月七日)。また、太助は、嶋屋の玉ノ井が逃げかけて捕まり「大いに責めらる」様子を新屋二階から「見物」したと記す(文政一三年七月四日)。

遊女の逃亡について、『世事見聞録《せじけんぶんろく》』(文化一三年[一八一六])には、本来は「主人の心得違ひより起りたる事」であるにもかかわらず、その「仕置きは別して強勢」であり、「竹篦《たけへら》にて絶え入るまでに打擲《うちたた》き、または丸裸になし、口には轡《くつわ》のごとく手拭《てぬぐい》を食《は》ませ、文体《ママ》を四つ手に縛り上げ、梁《はり》へ釣り揚げ打つ事なり」とある。江戸後期に警世の書として「武陽隠士」の名で書かれたこの『世事見聞録』は、武士をはじめ遊女・穢多・非人に至るまで、諸階級の内部矛盾・弊害、状況を鋭く分析し、遊女の逃亡についても「主人の心得違ひ」を問題にした。しかし太助の「見物」という言葉からは、折檻される遊女への同情や共感は見いだしにくい。

性買売の宿の提供

太助は、しばしば、自宅二階の座敷を性買売の場として提供し、貸し賃を取ったりしている。たとえば、鹿園寺《ろくおんじ》村の上層農民と思われる文四郎の「一夜妻」として松江藩の上層武士、長尾平右衛門の女中を世話し(文政一三年九月二〇日)、広瀬(現・島根県能義郡)の御用聞き、大坂の人など六、七人に自宅の二階を用立て、「酌取女」も三人呼んでいる(天保二年九月二九日)。また、天保三年（一八三二）五月一一日、一四日、一九日の夜には、作事別当（土木建築担当部署の役人）岡野新四郎と、離別して戻ったと思われる大工町の「おトク」の「出会宿」として提供している。さらに嘉永四年（一八五一）の日記には、「廿二年以前、文政十三年寅正月」に、遊女八嶋、深津、ツキ嶋の三人に宿として提供し、そこに太助が奉公する新屋の本家京店の旦那がたびたび通って来たことを記している。

日記には、太助がその貸し賃を取ったことも記述されている。遊女の幸吉、山梅などに宿を提供したときには、「四百文モウケル」（文政一三年一〇月一三日）とあり、山梅に頼まれ夜に客をとるために座敷を用立てたときには、「少々斗《ばか》リ賃銭」が入った（天保二年七月九日）と記している。この山梅の座敷貸しの件については、その三日後に番所から呼び出しがあり、注意を受けたようだ。このとき太助は、大いに心が痛んだ、他に悪いことをした覚えはないので「山梅夕ノミ事」（座敷を貸したこと）だろうと記してはいるが。

にもかかわらず太助は、その後も、「山梅冬至会」と称して二階の座敷を貸し、その「用立賃三百文取ル」（天保二年一〇月一日）などしている。また、杵築（現・島根県出雲市）の万屋《よろずや》の妻と小市、富シゲという二人の芸子に、天保三年三月二五日から四月一四日まで宿として提供したときには、九貫文を受け取っている。もっともこのときは、番所から注意を受けないようにするためか、目明し（罪人を捕らえるため、与力・同心の配下で働いた者）二人に賄賂を渡している。そこには、性買売の宿を提供したことへの罪の意識はなさそうだ。また賄賂でことがすんだらしく、太助が処罰された形跡はない。

太助の性買売への罪意識のなさの背後には、「家」と「遊所」を区別する意識があった。町人の娘である妻とのあいだに二人の息子を持つ太助は、自らの家や主人の家の子どもの誕生や成育には大きな関心を払い、家の存続を願う。しかし、その一方で、遊所の遊女については、性を売買される商品として請状を書き、買い、その折檻を「見物」する。そこには家と遊所を区別し、悪所としての遊所での性買売を容認する意識があった。

2 「隠売女」の出自を探る

「隠売女」という存在

江戸後期の性買売の大衆化のなかで幕府や藩が問題としたのは、「自分稼」や「隠売女《かくしばいじょ》」と呼ばれた非公認の身を売る女たちである。自分の身体を売って生きる、あるいは稼業として売春をする「自分稼」「隠売女」は、公認の遊郭を脅かすとともに、生殖の場としての「家」と快楽の場である「遊所」の区別を揺るがす存在だったからだ。

「売春社会の本質は、むしろ隠売女と呼ばれる底辺の私娼の実態にこそ如実に示されているのでは」、そう曽根ひろみは指摘している。隠売女は、江戸時代の大衆化した性買売を象徴する存在であった。では、どのような女たちが、なぜ隠売女として身を売っていたのか。まず隠売女となった女たちの出自を探ることから始めたい。手がかりとするのは、新吉原周辺の隠売女検挙の記録である。

幕府公認の遊郭である吉原は、明暦三年(一六五七)に起きた明暦の大火で焼失するまでは日本橋人形町にあった。大火後、浅草寺《せんそうじ》裏の浅草田圃《たんぼ》に再建されると、焼失した元の吉原遊郭を「元吉原」、移転した吉原を「新吉原」と称するようになる。一般的には吉原といえば後者を指す。この幕府公認の新吉原以外に、「岡場所」で働く「岡場所女郎」と称された私娼たちを始めとする女たちが存在していたが、これら非公認の性を売る女たちは幕府の公文書では「隠売女」と記された。

この「隠売女」は、横山百合子によれば、明治八年(一八七五)四月四日東京府達第八号の読み仮名には「かくしばいじょ」とあり、「旧幕期から明治初年に至るまでは、娼婦の身体の所有者が隠して売春させる含意で用いられた」という。しかし、売春を行うのは娼婦自身であり、旧来の遊女屋は場所を提供する貸座敷業者だとする「芸娼妓解放令」(明治五年)以降の明治一〇年代になると、「隠売女」は「隠売女《いんばいおんな》」と呼ばれ、女性が自ら隠れて「売春」する意味に変化するとともに、娼婦一般への蔑視が強まるという(「幕末維新期の社会と性売買の変容」)。

隠売女取り締まりが、冥加金《みょうがきん》の納入を条件に公許した遊郭保護のために本格的に法制化されるのは、享保期(一七一六〜三六年)以降のことである。ちなみに冥加金とは、商工業など農業以外の各種の営業従事者に賦課された雑税のことであり、営業を公認された恩恵に対する御礼という性格を持つ。

享保の改革を推進した徳川吉宗の下で作成された「御定書」の第四七条「隠売女御仕置《おしおき》之事」は、享保期の隠売女取り締まり政策を集約したものである。そこでは、隠売女は三年の間、新吉原に送り込み遊女勤めをさせるとしたほか、隠売女稼業の者、請人、人主《ひとぬし》(保証人)、隠売女稼業の者を住まわせた家主、五人組、名主、地主も処罰の対象となった。しかし、隠売女の客、つまり買う男は処罰の対象となっていない。

買う男が処罰の対象となっていないこととあわせて注目したいのは、「飢《き》渇《かつ》之者」(極貧の者)が夫婦申し合わせて納得のうえで妻に「売女」させた場合、盗みなどの悪事を働いていない限り糾明に及ばぬとされた点である。それは幕府が、下層の貧しい夫婦の生きるための手段として、性買売を認めたことを意味する。

しかし、新吉原以外の私娼、隠売女の隆盛は、新吉原の衰退につながりかねない。宝永五年（一七〇八）一〇月七日に、新吉原の名主、町人たちから奉行所に出された訴えによれば、新吉原の遊女は、一〇歳以上一四歳までに抱えるのがよいとされた。この年齢であれば身代金も安く、唄三味線などの稽古、立ち居振る舞いを教えたうえで一五歳から遊女として出せるからである。

それに対し非公認の茶屋女などの場合は、一五歳以上二〇歳、三〇歳までの女が第一とされ雇われる。禁止されている商売なので、芸能は必要なく、すぐに勤めに出し利益を得るためである。しかも下女奉公人の給金に比べ、一年に五〜七倍、「みめ良女《よき》」であれば、二年から三年の年季で三〇両から五〇両も出すので、親たちは茶屋へ奉公にやる。そのため近年吉原の営業が不自由になっている、と新吉原の名主たちは隠売女の検挙を訴えている（「御町中御法度御《ご》穿鑿《せんさく》遊女諸事出入書留」）。

訴えからは、茶屋女などの隠売女は、遊芸も何も必要としない剝き出しの性買売を行ったこと、しかも、その稼ぎは他の奉公に比べ格段によかったことが見てとれる。新吉原からの訴えを受けた幕府は、天保の改革時に非公認の遊所を撤去の対象とし、天保一三年（一八四二）三月には、岡場所をことごとく取り払い、吉原遊郭に移転すべしとの厳達を出す。

「隠売女」検挙の記録

天保期には隠売女検挙の記録が多く残っており、隠売女の出自が知れる。その一つは、江戸の外神田で古本屋を営んだ藤岡屋由蔵《よしぞう》によって文化元年(一八〇四)から慶応四年(一八六八)まで六五年間にわたって記され、情報源として販売もされた『藤岡屋日記』に記された記録である。『藤岡屋日記』は藤岡屋自身が「日記」と称しているが、身辺の出来事を扱った日録ではない。すべて公私の事件に関する文書の写しや、江戸市中の出来事の聞書や瓦版からの転載などからなる。隠売女についても天保三年(一八三二)、同四年の検挙の記録が、天保一一年については検挙した隠売女を新吉原に入札した際の記録「新吉原新抱女給金名前附」が記載されている。

もう一つは、昭和二年(一九二七)に刊行された『かくれさと雑考(売女値段考)』に収められた文政一二年(一八二九)、天保三年、同一一年の隠売女検挙の記録である。著者の上林豊明《かんばやしとよあき》は東京・小石川の生まれで、東京帝国大学医科を卒業後、大正七年(一九一八)に、新設の東京医学専門学校(現・東京医科大学)の教員となった人物である。ここには上林氏蔵の天保一一年の「六十七名の隠売女入札明細書と観ることが出来る」「新吉原地獄女細見記」なるものの全文の記録も含まれる。

『藤岡屋日記』と『かくれさと雑考』に収められた隠売女摘発の記録を比較してみると、文政一二年の記録は『かくれさと雑考』に、天保四年の記録は『藤岡屋日記』にのみ所収されている。また、天保三年についてはどちらも一三件、同一一年については「新吉原地獄女細見記」では実際に名前が記載されたものは五七件、「新吉原新抱女給金名前附」では六二件の記録がある。その内容は微妙にずれるものの、ほぼ重なる。そのことは、隠売女検挙の記録が写本の形で流布し、隠売女に関する情報が方々に拡散していったこと、言い換えれば世間の関心をひいていたことを物語る。

「隠売女」たちの素性

表4は、文政一二年から天保一一年に検挙された隠売女たち合計一二七人の名前、年齢、入札額、住所、戸主、続柄をまとめたものである。なお紙面の都合上、現在地、新吉原の入札元の項は除いた。また、文政一二年と天保三年を比較すると、名前、年齢、入札額、住所、入札元などの類似性から、同一人物の可能性が高い者もいるが、表には、そのまま載せた。

検挙された一二七人のうち、病人、懐妊の一一人を除いた一一六人が新吉原に入札されてい

表４　検挙された隠売女の出自と吉原への入札額(『藤岡屋日記』『かくれさと雑考』より，重複等を適宜調整)

番号	名前	年齢	入札額	隠売女の住所	戸主	続柄
文政12年(1829)6月か						
1	しけ	20	金30両3分8匁	上野仁王門前	清吉店善兵衛倅藤太郎	妻
2	菊	20	金20両1分	上野仁王門	清吉店善兵衛	娘
3	きく	21	金14両1分1匁2朱	上野御家来屋敷	栄蔵	娘
4	さく	17	金14両2分2朱	同所	同人	孫
5	島	26	金17両	上野瀬川屋敷	七郎左衛門店文七	妻
6	浜	42	金4両2分1匁5分	上野大門町	清吉店元四郎	後家
7	み	20	金40両3分5匁	両国藤代町	長八店すしや万吉	娘
8	かね	20	金22両2分5匁5分	同所	同人	召仕
9	まつ	18	金25両2分6匁5分	同所	同人	召仕
10	つね	15	金26両2分	弁慶橋岩本町	新助店千吉	妻
11	なを	21	金18両3分8匁5分	新鳥越3丁目	新次郎店安太郎後家そひ	娘
12	かね	30	──	下谷町2丁目	治兵衛店	──
天保3年(1832)						
13	みさ	22	金40両3歩銀18匁	本所藤代町	長次郎店万吉方	同居
14	かね	20	金22両2歩銀5匁5分	同所	同人	召仕
15	まつ	18	金24両2歩銀1匁5分	同所	同人	召仕
16	つね	20	金26両2歩	岩本町	新蔵店仙之助	妻
17	きく	20	金20両1歩	上野仁王門前町	清兵衛店善吉	娘
18	さく	21	金24両1歩銀1匁5分	同所	御家人屋鋪栄次郎店善八	娘
19	しげ	20	金20両1歩銀1匁	同所	同人倅藤太郎	妻
20	きく	17	金17両2歩2朱	同所	同人	妻妹

21	かね	30	―	下谷町2丁目	治郎兵衛店栄次郎方同居安次郎	妻
22	とら	26	金17両	上野山下	瀬川屋鋪七郎右衛門店文吉	妻
23	ふじ	20	金15両	同所	同人	妻妹
24	はま	42	金4両2歩銀1匁5分	上野北大門町	清吉店重次郎	後家
25	なを	21	金19両2歩	浅草新鳥越3丁目	新次郎店安兵衛後家すひ	娘
天保4年(1833)11月19日						
26	くに	18	金18両	芝七軒丁	伝兵衛店清左衛門	養女
27	ミつ	15	金25両2朱	同所	同人	召仕
28	きん	17	金14両1匁5分	同所	同人	召仕
29	なか	23	金35両4匁5分	宇田川町	伴七店甚助	娘
30	ち瀬	23	金25両12匁	浅草寺地中	松寿院地借新兵衛店三治郎	姉
31	さよ	18	金30両	同所	同人	妹
32	多か	24	金24両3分2朱	同所	妙音院地借金兵衛店忠次郎	娘
33	喜瀬	24	金47両31匁5分	浅草材木町	万吉店利兵衛	娘
34	ふさ	25	金70両12匁	浅草平右衛門丁	源三郎店伊兵衛	娘
35	しげ	18	金15両1匁6分2厘	高輪北町	五人組持店五人組善助	娘
36	りき	16	金5両2歩5匁	同所	同人	召仕
37	たか	25	金4両2分5匁	同所	五人組持店藤右衛門	娘
38	やま	24	金11両2分	同所	同人	養女
39	ミつ	25	金50両18匁5分	高輪仲町	喜右衛門店，粂次郎幼年ニ付母千代	娘
40	いね	21	金40両1歩	同所	同人	娘

41	そで	16	金53両2朱	同所	同人	娘
42	うた	18	金18両2朱	芝田町6丁目	伝兵衛店金兵衛	召使
43	こと	19	金15両1朱3匁5分	同所	同人	召使
44	つる	18	金21両1歩2匁7分5厘	同所	同人	召使
45	千代吉	25	金19両12匁5分5厘	芝浜松町1丁目	松兵衛店三吉	姉
46	ぬひ	26	金35両1匁5分	甚左衛門町	半兵衛店安次郎	姉
47	なつ	23	—	同所	定右衛門店	—
48	たき	15	金57両3分1朱1匁5分	同所	同人	なつ妹
49	いま	17	金12両7匁8分5厘	下谷御数寄屋町	又次郎店松五郎	養女
50	うた	26	—	下柳原同朋町	清次郎店徳松	養女
51	とよ	15	金27両2分5匁	芝神明門前	三右衛門店惣次郎	養女
52	小鶴	17	金20両9匁	浜松町1丁目	藤吉店喜兵衛	娘
53	ふく	17	—	寺町	藤助店金次郎	娘
54	ひさ	18	金24両1朱	同所	同人	養女
55	太吉	?	金32両	木挽丁6丁目	武兵衛店源兵衛妻いま	抱女
56	なか	22	金30両	木挽丁7丁目	市右衛門店わか	娘
天保11年(1840)11月						
57	よね	19	金22両2朱	小松川	儀兵衛店半兵衛	娘
58	多幾	27	金23両2匁9分	常盤町	仁三郎店伝四郎	娘
59	いよ	12	金18両65匁	小松町	佐吉店源兵衛	娘
60	しけ	16	金37両1分2朱	南鍛冶町1丁目	松兵衛店権十郎	娘
61	まさ	16	金2両2分	大鋸町	万助店与七郎	同居
62	茂登	17	金18両3分3匁	通新石町	久兵衛店源六	娘
63	つて	19	金10両50匁	芝宇田川町	源三郎店喜三郎	同居
64	つね	18	金5両2歩	赤坂表伝馬町1丁目	利兵衛店新兵衛	召仕
65	みき	17	金36両1匁	赤坂表伝馬町	源兵衛店富五	同居

66	さと	31	2朱 金11両1分2匁	1丁目 赤坂表伝馬町2丁目	郎 八五郎店庄五郎	同居
天保11年(1840)年12月						
67	かめ	16	金19両3歩	大伝馬町1丁目	半兵衛店儀兵衛	娘
68	ひな	15	金26両2歩	小伝馬町3丁目	仁右衛門店伊之助	娘
69	きん	19	金7両3朱	新乗物町	万蔵店新七	娘
70	むら	16	金18両5匁	新材木町	清吉店辰五郎	娘
71	やす	15	金10両1朱2匁5分	元大坂町	団助店忠兵衛	娘
72	たけ	18	金5両	高砂町	作右衛門店孫治郎(妻はな)	義妹
73	とよ	22	金10両10匁5分	大伝馬塩町	五人組持店政治郎	娘
74	かつ	16	金13両5匁	橘町3丁目	治郎兵衛店徳治郎	娘
75	よね	19	金10両2匁5分	橘町4丁目	五人組店藤助	娘
76	たか	18	金15両3歩2匁	同所	同人	娘
77	ゑい	16	金40両13匁7分5厘	長谷川町	重兵衛店松之助	娘
78	はな	20	金35両1分4匁	休伯屋敷	五人組持店徳兵衛	娘
79	さく	15	金15両2朱2匁3分	幸橋御門外本郷6丁目代地	岩治郎店三右衛門	娘
80	たね	18	金42両3朱1匁5分	新両替町1丁目	伊三郎店新兵衛	娘
81	とく	18	36両1分2朱	同所	嘉兵衛店治助	娘
82	ます	26	金22両2朱1匁8分	新両替町3丁目	彦兵衛店惣吉	娘
83	ミわ	19	金19両50匁	鑓屋町	家主藤兵衛	娘
84	はな	17	金10両20匁	同所	同人	娘
85	かつ	26	金21両3歩1匁1分	小松町	磯五郎	娘
86	とく	14	金9両	同所	同人	娘
87	むめ	18	金11両3匁8分	神田塗師町代地	小兵衛店藤吉	娘

88	くま	15	金10両2歩1朱1匁5分	桶町2丁目	熊次郎店専蔵	娘
89	いよ	17	金18両65匁	小松町	源兵衛	娘
90	たき	27	金23両2匁9分	常盤町	伝治郎	娘
91	こと	18	金25両	同所	同人	娘
92	しげ	16	金31両1歩2朱	南鍛冶町1丁目	権十郎	娘
93	きさ	17	金2両2歩	大鋸町	市郎兵衛店与七	同居
94	もと	17	金18両3歩2匁5分	通新石町	久兵衛店源六	娘
95	もと	17	金20両1朱	下柳原同朋町	武右衛門店熊治郎	娘
96	すみ	27	金35両1匁3分5厘	橋本町4丁目	万之助	娘
97	のぶ	17	金35両1匁2分5厘	神田紺屋町3丁目代地	五兵衛店平兵衛	娘
98	せん	15	──	亀井町	善助	娘
99	なか	22	金25両1朱	浅草材木町	清兵衛店惣八	妹
100	らく	27	金13両2歩1匁	浅草寺中高蔵院地借	吉兵衛店吉五郎	娘
101	うた	18	金12両4匁	浅草茶屋町	卯兵衛	娘
102	たか	18	金10両5匁	浅草駒形町	仁三郎	娘
103	かね	16	──	浅草寺地中善龍院地借	三十郎	娘
104	とく	16	金21両5匁5分	浅草東仲町	伝蔵店惣吉	娘
105	はま	15	金4両2歩1朱1匁	浅草山之宿町	長太郎	娘
106	はつ	17	金12両1匁	同所	八十吉店金治郎	娘
107	その	15	──	芝神明門前	忠蔵	娘
108	きん	24	金2両2歩	日本橋檜物町	三郎兵衛店豊吉	妹
109	ひさ	16	金5両3匁5分	芝浜松町3丁目	五郎衛門店幸治郎	娘
110	とく	23	金18両5匁	芝宇田川町	喜三郎	同居
111	つね	19	金10両50匁	同所	同人	同居
112	はる	16	──	同所	同人	同居
113	きく	20	──	松島町	嘉右衛門	娘
114	ミよ	18	──	芝神明社門前	市五郎	養女
115	つる	18	金14両6匁	芝片門前	彦右衛門	娘

116	たけ	19	金4両	芝通新町	富蔵	娘
117	こと	18	金35両3歩	湯島亀有町代地	幸助店伝吉	娘
118	かめ	18	金20両1歩1匁	同所	同人	召仕
119	ひさ	27	金7両	麹町龍眼寺門前	伝兵衛店源助	抱芸者
120	里吉	17	金18両	同所	同人	抱
121	かね	19	金7両5匁8分	赤坂裏伝馬町1丁目	利兵衛店新兵衛	召仕
122	いね	17	金45両3朱	同所	源兵衛店富五郎母いく	養女
123	ミき	17	金36両1歩2朱	同所	同人	召仕
124	てう	22	金13両2朱	元赤坂町	宇八店平吉	娘
125	きく	32	金11両2歩2匁	赤坂表伝馬町3丁目	辰五郎	同居
126	けい	15	──	青山御掃除町	庄蔵店兼治郎	娘
127	まつ	27	金6両	赤坂新町1丁目	林兵衛店庄治郎	母

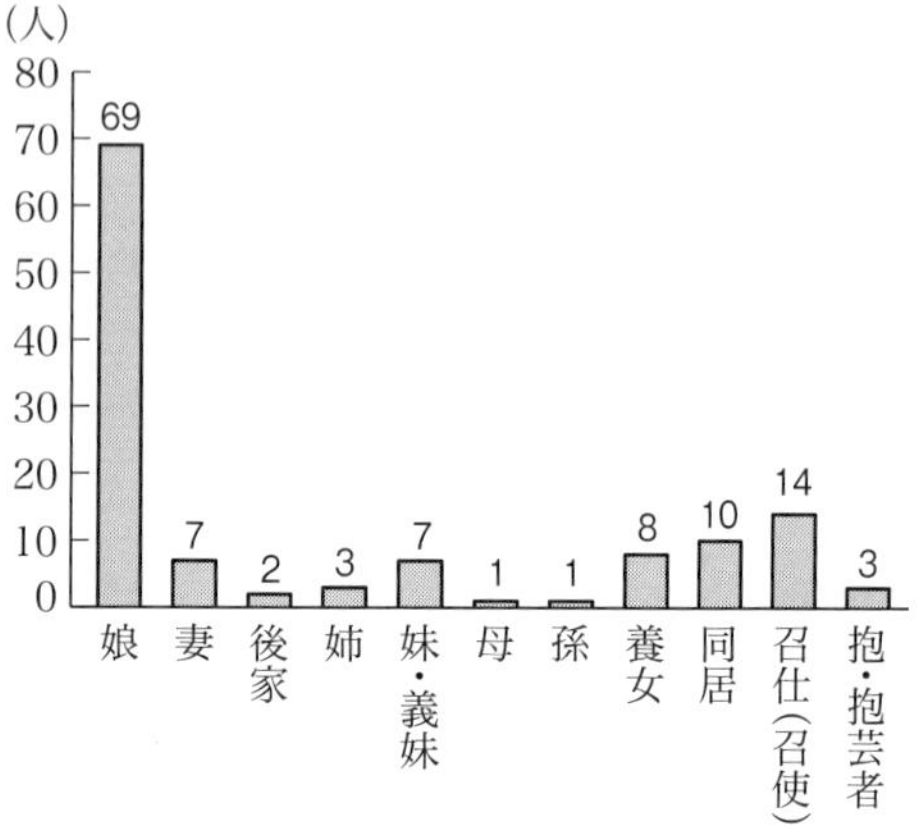

図13　検挙された隠売女の続柄内訳

る。隠売女の刑は、先にあげたように、新吉原で遊女の勤めをさせることであり、送られてきた隠売女は、吉原の五町に入札、分配された。三田村《みたむら》鳶魚《えんぎょ》は、幕府は新吉原の町を「私娼の監獄」に代用していたと述べている(『奴遊女九重』)。

　検挙された隠売女たちは、現在の中央区日本橋、銀座、台東区上野、浅草など、いずれも元吉原、新吉原周辺に住む都市下層の、多くは借家層の女たちである。一二七人の続柄を見ると、娘が六九人と全体の五四%を占め、それに、妻、後家、姉、妹・義妹(妻妹)、母、孫、養女も加えれば「家」内の者として把握された女たちが九八人と、全体の七七%を占める(図13)。しかも、九八人のうちの八二人は店借《たながり》(借家住まい)であり、その多くは、裏借家住まいの都市下層民だろう。それに対し、同居、召仕(召使)、抱《かかえ》・抱芸者(雇い主に抱えられた女や芸者)は二七人で全体の二一%。「家」内の者として把握された女たちの比率が圧倒的に高い。そのことは家に属しつつ密かに隠売女として働く都市下層民の女たちの広がりを示す。

また同じ家に属して働く女たち（事例3と4、39から41、75と76、83と84、85と86、90と91）、「すしや万吉」と娘のみ、召仕のかねとまつ（7、8、9）や、源助の抱芸者ひさと里吉（119、120）など隠売女を雇って商売をしていたらしい事例が目をひく。「すしや万吉」の家をはじめ、同居、召仕、抱・抱芸者を置く家が、隠売女を置いて商売をする家だったとすると、それらは二、三人の小規模なものだったのだろう。天保三年の「隠売女」検挙のきっかけは、両国柳橋鱣屋《こいや》が商売繁盛し、女の給仕が数多くいる（「商売繁盛致し、婦人給仕之者数多」）ことに疑いの眼が向けられ、探索の結果、給仕の女たちが隠売女であることが発覚したことにあった。

新吉原への入札

検挙された隠売女たちの年齢分布（図14）からは、一八歳をピークに一五歳から二〇歳くらいまでの、性買売の労働に耐えうる、それゆえ懐妊の可能性も高い女たちが多い。一二七人の隠売女のうち「病人」とされたのは九人、「懐妊」とされたのは、下柳原同朋町清次郎店《たな》（借家）、徳松養女うた（一六歳、50）、寺町藤助店金次郎娘ふく（一七歳、53）の二人。養女、娘と記載され

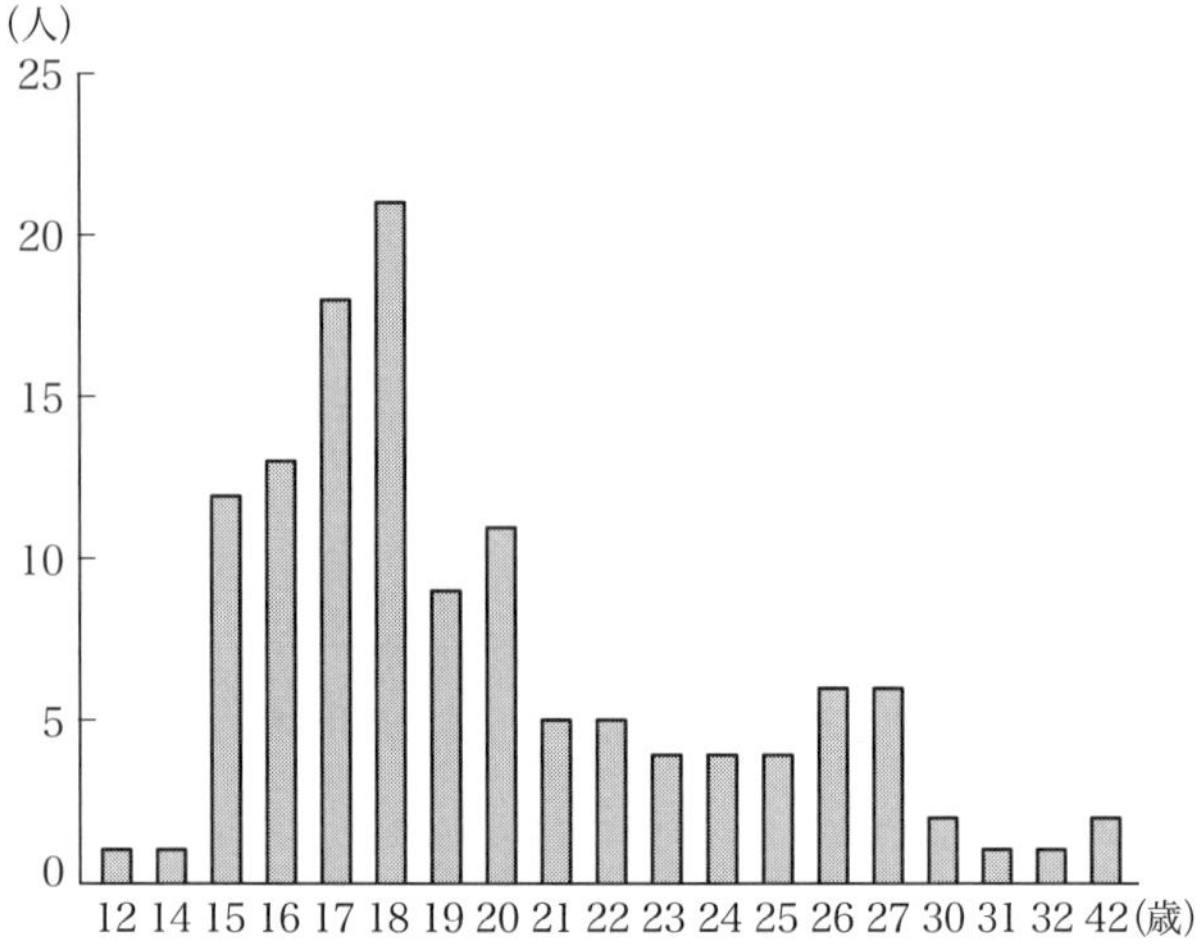

図14　検挙された隠売女の年齢分布

たうたとふくは、未婚の娘であり、その妊娠は性買売の結果である可能性が高い。

また下谷町二丁目に住む借家人安次郎の妻かね(三〇歳、12、21)、甚左衛門町定右衛門店のなつ(源氏名「常夏」、二三歳、47)、下柳原同朋町清次郎店徳松の養女うた(二六歳、50)、亀井町善助の娘せん(一五歳、98)、浅草寺地中善龍院地借の三十郎の娘かね(一六歳、103)、芝神明門前忠蔵の娘その(一五歳、107)、芝宇田川町喜三郎同居のはる(一六歳、112)、松島町嘉右衛門の娘きく(二〇歳、113)、芝神明社門前、市五郎の養女ミよ(一八歳、114)の九人は、捕えられた時点で病気だったため名主に預け、回復を待って入札とある。

懐妊や病気は、性買売ができない、つまり

遊女としての条件を満たさない状態とみなされた。しかし「懐妊病人ニ付追而《おって》入札」とあるように、出産、病気回復後は再び性買売を求められる存在でもあった。これらの事例からは、妊娠、あるいは病気であっても性を売る隠売女の実態が浮かび上がる。

藤岡屋は「隠シ売女、俗ニ地獄と称し候」として、検挙された隠売女の心を映し出す次のような歌も記す。

　ころんでハまたかしこまる砂利のうへ
　宵にされ夜中に取られ明方に
　ごばんせふとはあまりどふよく

隠売女として捕えられ白洲の上にかしこまり吟味を受ける。夜中に捕えられ明け方には「ごばん」(吉原)に送られる幕府のやり方はあまりに「どふよく」(胴欲、貪欲の意味)ではないか。この歌は、そういった意味になろうか。吉原は中央の仲之町という大通りの左右に五町が作られたため「碁盤」にたとえられた。

これら都市の下層借家人層の家に属する女たちの性買売については、事実上の身売り奉公により一時的にとる「地位・状態」であり、また肉体に備わった能力の一部を商品化し切り売りする点で、労働力販売と本質的に同質だが、長期に及ぶ債務下、雇用主の隷属下に置かれ人身的な拘束を受ける点で、日用層《ひようそう》(日雇い稼ぎをする者たち)と異なるとする見方もある(吉田伸之)。しかし性買売の現実は、当の女の側からするなら一時的にとる「地位・状態」にとどまらないものであった。

性を売り、その結果生じた病気や妊娠が女たちの心身に刻み込んだ影響を見逃すことはできない。記録には、検挙の際、一五歳の青山御掃除町の借家人兼治郎の娘けい(126)が正気を失った様子(「取昇《とりのぼせ》候様子」)が記されている。そこには厳しい検挙と背中合わせの性買売が女の生を蝕む現実、そして私娼を取り締まる一方で公娼として性買売させる幕府の欺瞞に満ちた政策があった。

『藤岡屋日記』に記された歌は、こうした幕府の政策によって検挙され、自らの性と生を踏みにじられる不条理への隠売女の心情を映し出す。もっとも、この歌は、隠売女を主語にしているが、隠売女自身の歌ではないだろう。しかし、そこに歌われた心情は、隠売女の心情を代弁するものだったと思われる。

商品としての女の身体

隠売女たちは検挙されたあと入札で競り落とされ、新たな遊女として新吉原に抱えられた。寛政七年（一七九五）の「新吉原町定書」によれば、入札は「冥加入札《みょうがにゅうさつ》」といい、送られてきた隠売女を吉原五町に分配し、町ごとで「くじどり」した。入札金は町ごとに積み立て、廓内の共同入費に用いたとされる。新吉原への入札額は、性買売の実態を示す。

全体のなかでの最高額は、浅草平右衛門丁（町）、源三郎店伊兵衛娘ふさ（二五歳、34）の金七〇両一二匁《もんめ》、最低額は、大鋸町市郎兵衛店与七同居きさ（一七歳、93）の金二両二歩である。その他、入札額が低いのは、後家はま（四二歳、24）の金四両二歩銀一匁五分である。きさの入札額は、ふさの約三％、年を重ねた身で性を売る後家はまの入札額は、ふさの六％に満たない。生身の女の身体が商品として値踏みされる性買売の実態や、我が身ひとつで糧を得る性買売を生業《なりわい》とせざるを得ない都市下層の後家の事情も透けて見える。

入札にあたっては、年齢だけではなく、容姿、体力などさまざまな条件が考慮されたのだろう。全体の最高額ふさと同じ二五歳の女たちの入札額ひとつとっても、藤右衛門娘たか（37）の入札額は金四両二分五匁と、ふさのわずか六％である。さらに入札額と年齢の関係を見ると、一四〜一九歳では一六〜二〇両、二〇〜二四歳では二一〜二五両がもっとも多く、性的に成熟した二〇代のほうが高い。隠売女たちは、年齢をはじめ容姿や性的成熟度などさまざまな条件を加味し、性と身体を売買される商品として新吉原に入札された。

隠売女を入札した遊女屋には店の格があり、大見世・中見世・小見世の区別があった。また遊女の階層も細かく設定されていた。吉原遊びの案内書ともいうべき「吉原細見《よしわらさいけん》」は、遊女屋の格、そして抱えられている遊女の源氏名と属する階層を表す合印《あいじるし》で揚代金がわかる仕組みになっていた。その天保二、四、一三年の「吉原細見」と隠売女の入札先、入札後の吉原遊女としての階層をつきあわせた宮本由紀子は次の二点を指摘している。一つは、検挙された隠売女のほとんどすべてが、江戸後期の吉原遊郭の中核となっていた小見世に入札され、隠売女は新吉原を内部から支えていたこと、二つは、遊女の階層は一四に分かれていたが、隠売女の入札後の階層は、最下層ではなく中堅層の一三階層とさらに上の一〇階層であり、隠売女こそが吉原遊郭の中核を担っていたことである（「隠売女と旗本経営」）。

隠売女を検挙し新吉原に送ることは、幕府の側からすれば公認の遊郭を守るという利益が、また新吉原の側からすれば営業の妨げを除くだけでなく、安価で遊女を獲得できるという利益があった。隠売女検挙の事例からは、公娼と私娼の区別の形骸化が進行していたことが見てとれる。

その背後には、不安定な都市下層の家に生きる女たちが、性を売ることで生活の糧を得る生存の現実があった。しかし性買売を咎《とが》められ検挙されたのは、買う男たちではなく売る女たちである。また、私娼は取り締まられても、公娼は公認される。この幕府の政策の欺瞞のなかで、自らの性と生を踏みにじられることへの隠売女の怒りを、『藤岡屋日記』の歌は表現している。

隠売女の検挙をめぐる事柄は、検挙という時点で切り取られた隠売女の生の痕跡の一部にすぎない。しかし、そこからだけでも、新吉原の遊女たちにも遊郭に入る前の生活があったことや、都市下層民の借家層の女たちの生業の一つとして性買売があったことが見えてくる。遊郭という空間や、その空間の特殊性だけに目を向けていたのでは、江戸時代に生きる女たちにとって性を売るという選択が持っていた意味はつかめない。その意味を当の女たち自身の生に即して解き明かすためには、身を売る背景としての家と性の問題に分け入らねばならない。

「売女稼」と家

幕府の最高裁判所ともいえる江戸幕府評定所《ひょうじょうしょ》が、刑事事件に関する評定所の評議を分類編集した『御仕置例類集《おしおきれいるいしゅう》』の「隠売女之類」には、身を売る背景としての家と性の問題を考える手がかりとなる、ある事件が記録されている。文政一一年(一八二八)、小石川富坂町(現・文京区小石川)代地久蔵店の喜兵衛女房もんが隠売女稼ぎをした咎《とが》で処罰された事件である(『御仕置例類集　天保類集六』)。

この事件では、喜兵衛、喜兵衛女房もん、もんの母なか、そして喜兵衛養女こう、てうが申し合わせ、ご法度に背いて内々に「女子共」を呼び「身売稼《みうりかせぎ》」をさせ、客から百文、二百文を取り小遣い等にしていたとして処罰されている。なかは五〇日、養女のこうは三〇日の「押込《おしこめ》」(門を閉じ外出禁止)、養女のてうは一五歳以下なので、それより軽い「叱《しかり》」(庶民に科した最も軽い刑罰、奉行所の白洲に呼び出し、その罪を叱責するだけで放免するもの)となっている。

さらに、喜兵衛女房もんの勧めで客に身を売ったみき、かよも検挙されている。みきは浅草御蔵小揚《こあげ》(浅草橋の北方、大川[隅田川]西側に置かれた幕府の米蔵への貢納米の陸揚げや蔵納めに従う人足)の文蔵の厄介人(世話になっている者)で、文蔵方が手狭なので別の家に住んでいた。しかし、月々、文蔵から渡される「雑用」(細々としたものの費用、雑費)も遅れがちで小遣いにも差し支えた。そのため、みきは、「近辺之女子共」を呼び寄せて内々に「売女稼」を始めれば、生活を維持していくことができる(「取続《とりつづき》之為ニも可相成旨」)というもんの勧めに同意し、文蔵には言わずに、文政九年(「去々戌年」)一一月から、喜兵衛のところに客があるときには「身売稼」をしていたのである。

みきは、客一人あたり金二朱ずつ受け取り、もんと折半していた罪で三〇日の「押込」となっている。ちなみに、一朱は二五〇文。先に第一章の小林一茶の句(八頁参照)で見たように、最下層の隠売女である吉田町の夜鷹の場合は二四文である。みきがもんから受け取っていた一朱は、その約一〇倍にあたる。買う男からすると、金のためにひそかに身体を売る素人女を買うには、病気の心配のある夜鷹の約二〇倍の金が必要だった。

かよも同じ浅草御蔵小揚の安五郎の娘であった。かよは、父安五郎が長煩《ながわずら》いで薬代にも事欠いたため、喜兵衛のところに行き「身売稼」をしたのである。かよも、みき同様に金二朱を受け取り、もんと折半していたが、かよの罪は「叱」となっている。みきは、自分自身のため(「自分之稼」)に身売りをしたのに対し、かよは父安五郎の薬代に事欠き身売りをしたというので、みきよりも罪が軽くなったのであった。同じく身を売る行為であっても、家の維持のためには寛容な、言い換えれば家の維持・存続への自助努力を求める幕府の態度がうかがえる。

この事件については、もんとみきが隠売女稼ぎを始めた事情も記されている。きっかけは、もんとみきがお互いに暮らしに困っているという話をしたことにあった。もんは、近隣の「女子共」を呼び寄せ、内々に「売女稼」を始めれば生活を維持していくことができると提案し、みきも、また夫の喜兵衛とかよたちもみな納得したのであった。そこで知り合いが立ち寄ったときには、酒など振る舞い、身売り稼ぎをする者がいるが、どうかと勧め、勧めに応じるものがいれば、母のなか、養女のこう、てうに、みきやかよたちを呼びに行かせ、喜兵衛の二階で「売女稼」をさせ、客一人から「揚代金二朱」ずつ受け取り折半したのであった。

使いに行ったもんの母なか、養女のこう、てうは、客から貰った銭を自分たちの取り分とした。客がかちあったときは、近所の直吉の妻つるに頼んで客を直吉の家に案内して身売り稼ぎをさせた。さらに、このことを見逃してくれるよう、御天守下番（江戸城の天守を守る役人）の町田幸八郎養祖父隠居、町田喜太郎へ、喜兵衛から金子などを贈った。しかし賄賂を払ったにもかかわらず、結局もんは、「売女稼」を行ったのは不届きとして「所払《ところばらい》」（居住地域からの追放）となっている。喜兵衛の罪状は記されていないから、罪に問われなかったのだろう。

この事件からは、都市下層の借家人の女性が、暮らしに困り、近隣の女たちを巻き込んで隠売女の商売を始めた事情がうかがえる。目をひくのは、「身売稼」のなかで重要な役割を果たした養女たちの存在だ。もんの家族は、夫の喜兵衛、もんの母のなか、養女のこう、てうの五人である。こう、てうがなぜ養女となったのか、もんと喜兵衛の間に実子がいなかったためか、それとも「身売稼」をさせるためだったのか、そして何歳で養女となったのか、それは不明である。

しかし先に見た隠売女検挙の記録でも、家に属する女たちのなかで「養女」は「妻」に次いで多く、全体の六％を占めている。では、養女に貰われた女子が遊女として売られる、あるいは売女奉公に出されるといったことがあったのだろうか。「御定書」第四六条「養娘遊女奉公に出候もの之事」の項を見てみよう。享保一八年（一七三三）の「軽きもの養娘遊女奉公に出候もの」には、「卑賤之者」に養子に出したときは、実親の側にも（遊女奉公に出されるという）覚悟があってのことだろうから、証文があったとしても実親からの訴えは取り上げないとある。幕府の側は、百姓、町人、そのほか、身分の卑しい者（「卑賤之者」や「軽きもの」）が養女を遊女に出すことを黙認していた。

3　売られる娘

捨て子と遊女奉公

各地の江戸時代の捨て子関係文書を見ているなかで気になっていたことがある。ある特定の地域の捨て子関係文書にだけ、将来、遊女奉公に出すようなことはしないという誓約の文言が見られるからだ。捨て子を貰い請ける養い親が出す「養子手形」と称する文書のなかに、そうした文言が見られるのは、私の知る限り、江戸の浅草寺文書、大坂の住友家文書のみである。浅草寺は新吉原に近接しており、住友家は、長堀川を挟んで新町と向かい合い、また遊所の番付では関脇に位置する嶋之内の長堀茂左衛門町にある。この町は、先にあげた大坂から和多見の中嶋屋に酌取女として雇われた、灘屋安治郎借家卯七の娘たけの実家のある長堀次郎兵衛門町の隣に位置する。ちなみに遊郭がない岡山城下の捨て子関係文書には、「遊女奉公に出すようなことはしない」といった文言は見られない。

浅草寺文書のほうから見ていくことにしよう。天明六年(一七八六)八月一〇日、浅草寺教善院の門前に捨てられていた、木綿小紋の単物《ひとえもの》を着た三歳くらいに見える女の子を養育料二両とともに貰い請けたのは浅草田町一丁目の源次郎、証人となったのは善龍院地借《じがり》(土地を借り自己の持ち家を建てて住む者)の平六である。源次郎は、捨て子を養女に貰い請けるに際して、たとえどのようなことがあっても、遊女のような見苦しい奉公など(「遊女ヶ間敷見苦敷《みぐるしき》奉公等」)は決してさせないとの証文を出している。源次郎が住む浅草田町は新吉原に近く、慶応二年(一八六六)の段階では二二二軒の茶屋があった(「新吉原仮宅一件」)。

他方、大坂の住友家文書には、貰い親からの養子手形に「傾城茶屋奉公」や「茶屋遊女奉公」「悪敷《あしき》奉公」などはさせないと記した捨て子事例が四件ある。一つは、宝暦七年(一七五七)

一一月一八日、住友家居宅軒下に捨てられた当歳（〇歳）の女の捨て子の場合である。貰い親となったのは南綿町綿屋治兵衛借家の二文字屋清兵衛、請人となったのは、常珍《じょうちん》町の阿波屋左兵衛である。阿波屋には二〇匁の口銭（手数料）が遣わされているので、口入屋の可能性が高い。養父と請人は、「無心」をするようなことはもちろん、「頂城《ママ》茶屋奉公麁抹之儀」などはさせないと証言している。

また宝暦一三年（一七六三）九月一〇日に、住友家居宅前軒下に捨てられていた当歳の女の子を貰い請けた摂州河辺郡次屋村の大和屋熊吉借家柳屋太兵衛の場合も、「大切ニ養育」し、「成人之後も茶屋遊女奉公」などには出さないという誓約をしている。

それから五〇年ほど経った文化六年（一八〇九）七月四日に、住友家の土蔵入り口に捨てられた二歳ばかりの女の子の場合は、貰い親となった摂州東成郡天王寺村粉川瓦屋借屋の百姓長七が、同じ村の百姓惣右衛門とともに、成人の後「悪敷奉公等」はさせないとの証文を出している。同じ年の一一月一三日に住友家居宅表軒下に捨てられた当歳の女の子の場合も、貰い親となった摂州東成郡大今里村の百姓源右衛門、同じ村の請人、百姓伊助、金右衛門が、成人の後、「悪敷奉公等」はさせないと証文を出している。ここでの「悪敷奉公」とは、茶屋遊女奉公を指すとみて間違いないだろう。

捨て子は、捨て子を拾った町が成人までの養育を義務づけられていたから、養子先に、「大切」に養育すると確約させる必要があった。養子手形に記された誓約からは、町の側は、捨て子を茶屋遊女奉公に出すことは、「大切」に養育したことにはならないと認識していたとわかる。他方でこうした誓約を求めた背景には、遊女奉公に出すために貰い請ける親がいたこと、そして養子を斡旋する口入屋のなかには、遊郭や茶屋と深い結びつきを持つ者も少なくなかったことがうかがえる(海原亮)。しかし養い親が、捨て子を実際に遊郭に売ったのかというと、捨て子のその後、しかも成人した段階まで追える史料がないためわからない。

売る養い親、実親

延享五年(一七四八)に大坂町奉行所に訴えのあった事件は、養父母が養女を遊女奉公に出したことをめぐる一件である(金田平一郎)。事の発端は、三年前の五月に養父母の藤右衛門ときさが一二歳になる養女とよを実の娘と偽り、「一三ヶ年切給銀一五〇目」(一三年の年季で前借給銀一五〇匁)で曽根崎新地の吉平衛のもとへ売女の一種である茶立《ちゃたて》奉公に出したことにあった。しかし、それを知ったとよの実母きさが、前借給銀を弁済しても娘を取り戻したいと願い出たのである。きさは、夫の山城屋孫兵衛が死に後家となったため、三歳のとよを藤右衛門夫婦に養女に出し、泉屋半兵衛と再婚したのであった。

実母の訴えに対し、とよの抱え主の吉兵衛は、「成人」になることを見込んで「幼年之節」から召し抱え「飯料諸雑用等」(食事代などの養育費)もかかっているので、いま返したのでは損になる、年季が明けるまでは返せないとして争いになったのである。遊女の場合の「成人」とはだいたい一五歳くらいを指す。吉兵衛は一二歳で売られたとよを「稼げるようになるまで、ただ飯を食わせる」、いわゆる「唯養《ただやしない》」として抱えたのであった。

最終的には実母の願いは却下された。しかし大坂町奉行所は、藤右衛門夫婦が養女のとよを実の娘と偽り、実母の承諾を得ずに茶立奉公に出したことは「不埒」だとし、養父母と実母の当事者間で解決するようにとしている。この事例は、養父母が養女を売女奉公に出すことについては、公権力が関与すべきではないとして事実上黙認していたことを示す。

娘を遊女に売るのは養い親だけではなかった。実の親が、いったん里子に出した娘を取り戻し吉原に売った事例が浅草寺文書のなかに一件ある。文化三年(一八〇六)正月二八日、浅草寺の下男、治右衛門(五三歳)が奇特であるとして褒賞された。褒賞理由の一つは、里子にした娘への助力である。治右衛門は、浅草仲町あたりの困窮人の子を三歳のときに貰い請け七歳まで育てた。しかし容姿がよいので(「相応之容議《ママ》」)実父からたびたび、この娘を返してくれるよう言ってきた。実父は必ず娘を遊女に売ると判断した治右衛門は、いろいろ理由をつけては先延ばしにしていたが、実父が奉行所に願い出ると言ってきたため仕方なく実父のもとに返した。ところが聞いたところでは、吉原へ売ったというので、正月、七月と吉原を訪ねてみたが、娘は一向に見当たらない。正月、七月は年に二回しかない遊女の休日がある月でもあった。

が、浅草寺の御開帳のときに参詣に来た遊女たちのなかにこの娘がいた。娘は治右衛門を見つけ、すがって泣いた。娘に尋ねたところ、大文字屋に勤めていると言う。そこで治右衛門は、早速大文字屋に行き娘に心を配ってくれるよう「姉女郎」などに頼んだ。大文字屋の主人も治右衛門の志を推し量り、実父はよくない人間なので手切れ金をやり、養父の治右衛門を「判人」とし、この娘を実子同様に可愛がり、ときどきたよりを出させることになった。

一〇歳未満で吉原に売られた娘は、治右衛門が「姉女郎」たちに心を配ってほしいと頼んだとあるから、「禿《かむろ》」として「姉女郎」にお付きとしてついていて、遊女としての教育を受けていたのだろう。この事例は、手のかかる幼児期は里子に出し、七歳というある程度大きくなってから、容姿がよい場合は取り戻し吉原に売る親もいたことを示す。

また、少数ではあろうが、里子として育てた娘を守ろうとする里親や、生きて行くために養女に出さねばならなかった娘を性買売の世界から何とか救いだそうとする親がいたことも忘れてはならないだろう。

家と遊所

最後に家と遊所の関係について整理をしておこう。江戸時代には、「遊女は子のないもの」（井原西鶴『西鶴置土産』巻四）とされ、遊女の性は、生殖に結びつかない快楽、消費としての性とされた。『傾城禁短気《けいせいきんたんき》』（宝永八年［一七一一］）には、瘡毒《そうどく》にかかり免疫ができて「懐胎すること」がなくなったものを「本式の遊女といひ」とある。しかし不特定の男との間で性買売をする限り、妊娠は避け得ない。一七世紀末の井原西鶴の作品では遊女の妊娠、出産、その結果としての捨て子が描かれる。

その一つ、『諸艶大鏡《しょえんおおかがみ》（好色二代男）』（貞享元年［一六八四］）の「捨ててもとゝ様の鼻筋」には、「師走に閏《うるう》のある年」の大坂新町の遊女たちの妊娠、出産の様子が描かれ「今年程諸女郎衆のお腹のおかしげなるはなし。……むかしはかやうの事はなかりしに」とある。また三田村鳶魚は『吉原袖鑑《よしわらそでかがみ》』（寛文版）の「近年遊女のはらむ事かたの如くの間夫《まぶ》内証にありと見ゆ、いにしへはなかりし事とぞ」という文章を取り上げ、「いにしへ」に遊女の妊娠が問題にならなかったのは、妊娠しても相手に資力があり、すぐ善後策がたてられたため、としている（「江戸時代の高級遊女」)。しかし、相手に資力がない「間夫《まぶ》」(遊女の情人)の場合は、妊娠が問題となる。三田村は、買う男の大衆化のなかで遊女の妊娠が問題となることを指摘したのであった。江戸後期、非公認の「性買売」と下層の遊所での剥き出しの性交渉が広がるなかで、妊娠、出産、堕胎の問題も表面化する。

幕末の安政ころの作とされる「廓の明け暮　三代豊国版下大揃」には避妊や堕胎のために自ら灸《きゅう》をする遊女、妊娠した遊女の腹部を打ち据え、圧迫して堕胎しようとする、おそらくは遣《やり》手《て》婆《ばば》と気を失った遊女たちの姿、堕胎手術を施す産科医の姿がなまなましく描かれる。なかでも堕胎手術を受ける遊女の苦悶に満ちた表情は、懐妊自体が否定されていた遊女の性を物語る。ちなみに弘化二年(一八四五)に出された大坂の医師番付『医家名鑑』に記載された産科専門医の開業場所は遊郭のあった新町に集中しており、遊郭での産科需要が多かったことが見てとれる(内野花)。

江戸時代の性の場は、家と遊所に大きく区別され、太助の日記にも見られるように、その区別が男たちのなかに性買売を容認する意識を生み出した。しかし、女の経験の側から見るなら、家と遊所の関係は、日常と非日常、家における産むための性と遊所における快楽としての性、家のなかでの生命の生産・再生産労働と、遊所での性買売というように画然と区分できるものではなかった。家に身を置きつつ隠売女として性を売る女たちは、検挙され吉原に送られ遊所の中核を担った。また、その性と生殖は区分できるものではなく、性買売の先には、妊娠、堕胎、間引き、捨て子もあったのである。

江戸時代の性買売は、隠売女を検挙し公認の遊郭に送り込む幕府の論理や買う男の側からすれば、非日常のなかでの出来事であった。しかし、性を売る遊女や隠売女からすれば、その非日常こそが自らが生きるための日常であったのだ。

第五章　江戸時代の性

ここまで、人々が生きた痕跡の記録ともいえる史料を読み解き、一人ひとりの女と男の性をめぐる具体的な経験に焦点をあて、直面する困難や希望、願いなどの心情にも目を凝らして、その経験が持った意味を探ろうとしてきた。それは女と男の性と生の側から、江戸時代を明らかにしようとする試みでもあった。

女と男の性の営みは、一見、いつの時代も変わらないように見える。しかしそこには、時代が深く刻み込まれている。性の営みが生きることにとって持つ意味や、性をめぐる社会の規範、そして人々の性意識は、時代によって異なる。

ここまで取り上げてきた史料は主には江戸後期のものである。江戸後期の特徴は、性の営みが、生きる基盤である家の維持・存続と深く結びついていたことにある。最後の章となる本章では、江戸前期も視野に入れながら、江戸時代の性の全体像にせまる。そのとき、各章で見てきた具体的経験が歴史的文脈のなかにしめる位置が見えてくることだろう。

取り上げるのは、性に関する政策と性規範、支配的な性意識、農民自身の家と性への認識の三点である。

一つは、人々の「交わる、孕む、産む、堕ろす、間引く」に関わる幕府や藩の政策である。人々の性と生殖への介入をはかった、幕府の生類憐《しょうるいあわれ》み政策から藩の妊娠・出産管理政策、婚姻政策への展開は、人々の性の営みをどのように規制したのか、そこで求められた性規範とはどのようなものだったのだろうか。

二つは、性生活と長寿との関係など、性をめぐる日々の実践を説き、人々に大きな影響を与えた養生論である。養生論の江戸前期から江戸後期への展開は、人々の家の成立と、どのようにかかわり、また人々の性意識にどのような影響を与えたのだろうか。

三つは、家の維持・存続のために、農民自身が農業経営や技術など、生産と生活の営みについて記した農書である。そこには、家をつないでいくことと性の営みへの、どのような農民の意識が、さらに家と遊所への意識が読みとれるのだろうか。

これらから江戸時代の性の全体像とその歴史的特徴を明らかにするとともに、さらに、近代への連続と転換についても展望してみたい。

1 生類憐み政策から妊娠・出産管理政策へ

人口増加政策と共同体

妊娠・出産管理政策は、とくに人口減少地域で、一八世紀末から一九世紀初頭に始まる。それは、人々の妊娠・出産を管理することで人口増加をはかる政策であった。その起源は、徳川綱吉の生類憐み政策の重要な柱となった「捨子禁止令」にある。捨子禁止令は、生類を憐れむべきことを説いた貞享四年(一六八七)の幕法、第一条に登場する。元禄三年(一六九〇)には単独の捨子禁止令が出され、捨て子の養育については、発見者のみでなく、村や町などの共同体が責任をとるべきとされた。元禄九年(一六九六)八、九月の幕法では、地主、大屋(大家)は、地《じ》借《がり》、店借《たながり》の者が妊娠した際は届け出をさせ、出産、流産、三歳未満の乳幼児の死亡、また養子に遣わす場合は帳面を作成すべきとした。この幕法は、夫婦の性の営み、母親の腹のなかにまで入り込み、妊娠・出産を管理することで捨て子防止をはかるものであった。ともに、人口を把握する人別帳の確立にも大きな役割を果たした。

ヒト以外の動物たちの殺生もきびしく抑えた生類憐み政策は、「世の中の動きのなかで用意」

された、「ことばを換えれば、生類憐みの時代は世の必要から生まれたもの」。塚本学は、そう性格づけている。その「世の必要」の一つが、「夫婦とその子どもから成る小家族」の自立への動きであった(『生きることの近世史』)。

生類憐み政策は綱吉死後の宝永六年(一七〇九)に廃棄される。しかし捨子禁止令は、以後の幕政のなかでも継続する。明和四年(一七六七)には、幕府から、「出生之子を産所ニて直《ただち》ニ殺」す間引きは「不仁之至」とする間引き禁止の触れが全国の村々に出される。殺生のなかでも、とくに子どもを殺すことを「不仁」としたのは、幕府が家の維持・存続を重視したことの表れであった。これら生類憐み政策から間引き禁止の触れに至る幕府の政策は、性と生殖への介入の始まりという点で大きな意味を持つ。

藩が妊娠・出産の過程を管理する政策も、幕府の性と生殖への介入策を引き継ぎ、女の産む身体を管理することで堕胎・間引きを禁止し、人口の増加をはかるものであった。第二章で取り上げたきやと善次郎のもめごとの記録も、この管理政策があってこそ残った。その主な特徴は四つある。一つは、出産の際は、隣家の者を「産所見届人」として出産の場に立ち会わせるなど、親類・組合などの地縁・血縁共同体を媒介にした監督・管理がなされたこと、二つには、懐妊から出産に至るまでさまざまな届の提出を求め、妊娠、出産の過程を監視したこと、三つには赤子養育料支給による救済を行ったこと、四つには、堕胎・間引きは、家を存続させる子どもを殺す罪と教諭したことである。

妊娠・出産管理政策で注目したいのは、地縁・血縁共同体を基盤にして展開、実施された点である。実際に日常的に職務にあたったのは、村方役人層であり、実施の基礎的な単位は親類・組合であった。

農民家族の多くは、夫婦と子どもからなる小家族を形成していた。たとえば仙台藩、東山地方の一九世紀前半(文化から嘉永年間[一八〇四〜五三年])の「死胎披露書」によれば、平均家族数は、夫婦と子ども三人程度の五人前後である。

夫婦二人で農業労働と子育てを行う小家族にとって、いのちの危険を伴う出産は危機であり、危機を回避するには、近隣の助力が必要不可欠だった。ことに難産の兆しがある場合は、第三章の千葉理安の診療記録で見たように、家族や隣家はもちろん、親類・組合の女と男が見守り、介抱した。妊娠・出産管理政策は、民衆が、出産の危機を回避するために行っていた共同体による出産への助力のありかたに依拠しながら、それを堕胎・間引き監視へと編成替えしようとしたのであった。

産の場に関わる人々

妊娠から出産に至るまで、人々にさまざまな届の提出を求めた妊娠・出産管理政策は、人々に産むこと、産まないこと、いつ産むか、何人産むか、どのくらいの間隔で産むかを意識化させた。妊娠・出産管理政策の実際を担った上層農民の家に「はらみ月を知る法」など、妊娠月や出産月を占うまじないの写本が多く残されているのはそのことを示す。

妊娠・出産管理政策は、妊娠・出産への医者の関与を進めるものでもあった。流産、死産、出産後死亡の際は、その死が堕胎・間引きの結果ではないことを示す医者の証明書(容体書)が求められたからである。それを可能としたのは、地域に、その受け皿となる医者たちがいたからにほかならない。第三章で紹介したが、他の医者が救えなかった産婦を救うために理安が呼ばれ、産婦の家族が別の産婆を招こうとしたように、地域には複数の医者や産婆が存在した。医者や産婆は、産婦や家族の依頼があってはじめて出産に関わることができたのである。理安の診療記録は、難産の際に医者が呼ばれただけでなく、日常の出産の介助にあたっていた産婆と医者、産婦を取り巻く人々の協力があったことを示す貴重な記録である。

家の維持・存続を願う人々は、女の産む身体の安全への願いを強め、小家族の危機である出産を乗り切るために、さまざまな関係を紡いでいったのであった。そこには、家といのちをつなぐことへの女と男の願いがあり、妊娠・出産管理政策はその願いを取り込みつつ展開していった。

婚姻・性・生殖の一致へ

妊娠・出産管理政策は、共同体を媒介にした女の産む身体の監視、救済だけでなく、人々への教諭を重視した。性と生殖の管理は一筋縄ではいかなかったからである。第三章で紹介した仙台藩の赤子制道役、平之助は間引き教諭書『鵙《もず》の囀《さえず》り』で、「夫なき女」、つまり正式の婚姻をしていない女に堕胎を試みるものがあり、「始めをつゝし」む、つまり人々の性を管理しなければ妊娠・出産の管理は困難との認識を示している。

堕胎・間引きは、女と男の性行為の結果であり、性行為への介入をはかる必要があった。しかも妊娠・出産管理政策は、女にしか知り得ない妊娠の自覚に依拠せざるを得ない矛盾を抱えていた。管理を徹底しようとするなら、産む身体を持つ女への教諭や、婚姻内の生殖のための性こそが正当とする、婚姻と性、生殖への介入を進める必要があった。

第二章で見たように、米沢藩の寛政の改革が人々の婚姻を管理し、村役人が婚姻に介入したのは、そのためである。寛政年間の中津川の村々の「宗門御改帳」には、女子を嫁に出す側は

「遺わす」「縁付」、男子が婿として妻方の家に入る場合は、婿を取る側は、「養婿に呼取」「養子呼取」と表記される。これらの表記が示すように、婚姻は、家と村の維持・存続のための戦略であり、人口増加をはかる藩にとっても、社会を支える基礎である家の維持・存続は重要な課題であった。

　妊娠・出産管理政策は、婚姻の管理にとどまらず婚姻内の性と生殖を規範化していく。一八世紀後半、天明元年（一七八一）の「赤子《あかご》間《ま》引取締方申渡《びきとりしまりかたもうしわたし》」に始まる津山藩（現・岡山県津山市）の妊娠・出産管理政策は、正式の婚姻内の堕胎・間引きと密通による堕胎・間引きを区別し、前者をより厳しく罰し、婚姻・性・生殖の一致を人々に求めていく。

　享和四年（一八〇四）、津山藩西西条《にしさいじょう》郡真壁《まかべ》村の間引き禁止令請書では、「子どもを育てることができないほどの困窮者であれば夫婦の縁を結んではいけない。夫婦の交わりをすれば、子どもが生まれるのは、決まったことである」（「小児養育難成程之困窮者ニ候得者、夫婦の縁者結申《むすびもうす》間鋪筈《まじきはず》、夫婦のかたらひ候得者子之生るゝハ定りたる事に候」）と、婚姻・性・生殖の一致が説かれる。さらに天保期には、後家・娘が密通による妊娠を恥じるのは当然だが、妻は産むべきとして、妻の堕胎・間引きをより厳しく罰する法令（天保七年［一八三六］）や、縁談願いなく婚姻したり、懐胎届・出生届を出さないことを咎める触れ（同一四年）が出される。

図15　間引きする夫婦(仁木家文書，岡山県立記録資料館所蔵[複製])

津山藩の間引き教諭書は、この天保期に集中して出されるが、夫婦の間引きへの罰則が強化された、まさにその時期に、間引きをしようとする夫婦の図(図15)が描かれたことは象徴的である。間引きをする女は蛇、それを助ける男は猫(畜生)、赤子の身体からは魂を象徴する紫雲を描き、間引きの悪が教諭された。

先の法令や触れでは、「夫婦の交わり」(「夫婦のかたらひ」)が特権化される。第二章で取り上げたきやは、不義の疑いがかけられるなかで、善次郎との「夫婦の交わり」を前面に立てて、子どもが夫の子であることを主張したのであった。

しかし婚姻・性・生殖の一致が強調されたことは、裏を返せば、人々のなかに、婚姻にとらわれない比較的自由な性規範があったこと、婚前交渉や婚外子を恥とする意識が、そう強くなかったことを物語る。天保期の触れは、この触れが縁談願いを出さずに婿や嫁をとる「心得《こころえ》違《ちがい》」の者がいることや、懐胎届、出生届を出さない者への対応であることを明記している。

「家」意識の高まりと婚姻の規制

身分制社会であった江戸時代の性規範は、時期と階層、地域によっても異なっていた。武士や上層農民などの上層社会では、江戸前期から、「家」と「家」の婚姻が重視され、結婚前の男女の自由な性交渉は抑圧された。

一方、夫婦が労働の基本的な単位であった民衆の間では、「嫁は社会的経験を積んだ即戦力であることが期待され」、結婚年齢も上層の人々に比べて高く、結婚前の「自由」な性関係が認められ、「性的関係と結婚とは全く別のもの」であった。ただし、子どもが生まれた場合は結婚につながることが多かったらしく、そうならないための避妊や堕胎の努力も意識的になされた（倉地克直「「男女和合」の世界」）。

こうした状況に対し、藩の側は、仲人を立て宗門改帳に記載された婚姻を正式なものとし、それ以外は「不義密通」として厳罰に処していく。たとえば、江戸後期の『世事見聞録』（武陽隠士、文化一三年〔一八一六〕）で、諸大名のなかでも、とりわけ「不義すら死刑」にする厳しい処罰を行った大名とされた岡山藩の藩主、池田光政《みつまさ》は、当人たちの合意による婚姻を禁じ、婚姻は確かな仲人のもとで執り行うべきとした。

岡山藩は寛文六年（一六六六）二月晦日に、町や村の者が夫婦になるときは、親兄弟に届け「慥《たしか》なる媒《なこうど》」を立てて婚姻の約束をすること、もし我儘に「取合《とりあい》夫婦」（恋愛による夫婦）になった場合は処罰をもうしつけるとの法令を出している。それは、民衆の当事者同士の情愛と性関係にもとづく結びつきを規制しようとするものであった。

江戸時代二五〇年間の岡山藩の公式記録（「御《ご》穿鑿《せんさく》者《しゃ》口書《くちがき》」「藩法集」「池田家履歴略記」「刑事書抜」など）や地方《じかた》文書から集めた、二九九件にのぼる女性に関わる犯罪事例を分析した妻鹿淳子の研究（『犯科帳のなかの女たち』）では、仲人（「媒」）もなく父母にも告げずに「夫婦」となる江戸前期の奉公人の事例が数多く紹介されている。その当人たちは、二人の合意で関係を結んだことを、「両人之相対《あいたい》」「ころび合」という言葉で表現している。

二人の合意による結びつきが、江戸後期になってもなくならなかったことは、村の娘と若者が起こした事件からも見てとれる。当人たちが、自分たちの関係を示す言葉として用いているのは、「姻合《ちなみあい》」という言葉である。現代の私たちには馴染みのない「両人之相対」「ころび合」「姻合」という言葉からは、当事者である女と男が直接向かい合い、互いの合意のうえで性関係を持つ、情愛と性関係が一体となった女と男の関係がうかがえる。藩の規制にもかかわらず、民衆の間には、「相対婚《あいたいこん》」や「取合夫婦」が存在していた。

とはいえ、こうした状況は、「家」意識の高まりが見られる江戸後期にはしだいに変化し、民衆の娘たちも家に囲い込まれ、結婚への親の意向が強まっていく。江戸後期に、「若者組」が自分の村の娘をめぐって起こす事件が続出するのはそのためである。若者たちは、村の娘は「村の若者共のもの」という意識を強く持っていたが、娘たちが家に囲い込まれるなかで、若者たちが娘を自らの性欲の犠牲にする事件も起きてくる。犠牲になるのは、家長がいない母子家庭、家長がいても不在がちの家、村にとって新入りの家など、村のなかで劣位の家の娘たちだった（妻鹿「村の若者と娘たち」）。他方で、こうした村の若者たちの鬱屈した性を、地域の商品生産や流通経済の結節点として発展してくる町場の遊所などが吸収し始める（倉地『性と身体の近世史』）。

「馴合ひ夫婦」と性買売の大衆化

都市部ではどうか。武陽隠士『世事見聞録』には、都市下層の娘たち（「下賤の娘たち」）の間で「親の元を遁《のが》れ逃げ走り、親の勧むる縁組を拒」む「馴合ひ夫婦」、つまり当事者同士の意思による恋愛結婚が「風俗」となっているとある。しかも、こうした「風俗」は、江戸前期の「寛文の頃［一六六一～七三年］までは吉原町ばかり」だった遊所が「江戸市中に出来て数万人」

という「風俗の崩れ移りし事」とも関わっているというのである。

武陽隠士はさらに述べる。「媒」（仲人）を立て、「結納及び婚姻の礼を厚く整ふる事は、天下の作法、人倫の道なり」と。江戸後期の一九世紀初頭には、正式の婚姻とは仲人を立てる婚姻を意味していた。

「馴合ひ夫婦」の風俗が性買売の大衆化と関わっている。この武陽隠士の指摘は、興味深い。仲人を立てた婚姻を正式とする婚姻規制による性の抑圧が、そこから抜け出そうとする「馴合ひ夫婦」の増加、他方では抑圧された性を吸収する性買売の大衆化とつながっていることの指摘でもあるからだ。

江戸時代、当人同士の情愛と性関係による結びつきは、家にとって危険なものとされた。江戸後期には、正式の手続きを経ない婚姻外の性は「密通」や「不義」、婚姻外の性関係で生まれた子は「不義の子」とする婚姻関係の固定化が進行していく。密通をした、不義の子を産んだと疑われることは、村のなかで生きていくことを困難にした。そのことは、第二章で見た、疑いが晴れなければ身持ちがよいようには見られないという、きやの父の証言からも了解できる。

2　養生論にみる性意識

江戸前期の養生論と長寿願望

「交わる、孕む」ことをめぐって、人々の性意識に大きな影響を及ぼしたのは、長生きのための日々の実践、特に男性の欲望と長寿の関係を説いた養生論である。養生論の江戸前期から江戸後期への展開は、民衆の家の維持・存続や性意識と、どのように関係していたのだろうか。

「生身の人間を対象」に、性欲をはじめさまざまな「人間の欲望と、それの抑制システムたる倫理」を説いた江戸時代の養生論（樺山紘一『ルネサンス周航』）の古典が、江戸前期の正徳三年（一七一三）に刊行された貝原益軒の『養生訓』である。

養生の目的を家の存続と孝の実践に置く『養生訓』では、食欲とともに色欲（性欲）を人の大欲とし、「年若き時より男女の欲深くして、精気を多くへらしたる人は、……必ず短命成」と説いた。性欲のコントロールについて述べた「慎色欲」では、性欲をコントロールするための具体的な方法が説かれる。なかでも強調されたのは「男女交接《こうせつ》」の回数である。

益軒は、中国の医学書、『千金方《せんきんほう》』によりつつ、二〇歳代は四日に一回、三〇歳代は八日に一回、四〇歳代は一六日に一回、五〇歳代は二〇日に一回「泄《もら》す」、六〇歳代は「精をとぢてもらさず」、もし六〇歳を過ぎても体力が盛んならば一月に一回、欲念が起こらない場合は、「(精を)とぢてもらすべからず」と、年齢に応じた適切な交接回数を示す。精液を減らさないことが養生の基本との考えから、性行為そのものではなく、過度の交合を戒めたのである。

倉地克直は、「男女交接」の相手が妻か遊女かは問わず、あくまで回数という形で性を規制した点に、家と遊所の二元からなる近世の性のありかたを読みとっている。『千金方』では、二〇歳以前の若者にはふれていない。益軒は、二〇歳以前の若者は血気が発生している最中であり、このようなときに、たびたび精をもらすと一生の根本が弱くなってしまうので「たしかに交接を慎むべし」と若者の禁欲、つまり男女交接の禁止を説く。上層社会での「家と家との結婚」という婚姻制度にとって、「結婚以前の男女の自由な結びつきと無軌道な性とが、最も破壊的なものと考えられた」からである(倉地「「男女和合」の世界」)。

若者の禁欲を説く一方で、益軒は四〇歳以上の男性が「精気をたもつ良法」は、「交接のみしばしばにして、精気をば泄すべからず」と説く。四〇歳以後は血気がしだいに衰えるから、精気(精液)をもらさず、しばしば交接すれば、元気が減らず血気がめぐり性欲も満足させられるというのである。もらさず交接すれば長命との説は、寿命が短かった江戸時代にあっては魅力的なものとして受けとめられたことだろう。女はここでは、もっぱら男の性欲を満たす性交の相手、男の養生を保つための存在として位置づけられるが、相手となる女が妻か遊女かは記されない。

福岡黒田藩に仕えた益軒の『養生訓』は、武士の性意識を表すものであった。では、武士は禁欲的、民衆は性欲についてもおおらかといえるかというと、そうではない。養生論は、人々の家の維持・存続への意識や長寿への願いを背景に、民衆のなかにも広まっていく。

江戸後期の養生論の展開

養生論は、樺山紘一によれば、江戸後期の一八世紀後半から一九世紀前半に、「最高段階に達」したという。江戸後期の養生論では、男の性欲を肯定しつつ、その欲望は、家を維持・存続させるための労働への欲望に振り向けるべきもの、交接は生殖のためのものであること、この二つが強調されていく。それは江戸後期の民衆の家の広範な成立と関係していた。

『長命衛生論　上之巻』（本井《もとい》子承《ししょう》、文化九年〔一八一二〕）の「色慾の弁」では、「色慾は甚《はなは》だ面白きもの」であるが、欲望のままに交接するのは身をほろぼすもと（「面白きに任せ、慎こらへる事なく、ほしいまゝにする時は、身をほろぼすもとひ成」）であり、「子孫をつづける」ための「夫婦の交」は、「慎こらへる」節度を保つべきとする。
また『養生弁《ようじょうべん》』(水野沢斎《みずのたくさい》、天保一三年[一八四二])では、三つの養生(「身養生、心養生、家養生」)のうち、家養生を重視し、家業に精出すものは、「戯場遊参を楽しみとせず」、「三惚《こう》」(「我が住所に惚ること」「家業に惚ること」「夫妻に惚ること」)を楽しむべきとする。その一つ、「夫妻に惚ること」では、「女が亭主を嫌ひ男が女房を辞《いや》がる様になれば必ず家をたもちがたし」とする。ここでも、養生の目的は家の維持・存続に置かれ、その要として夫婦関係が重視される。

養生論は「かき手の知識と思想」を語るだけでなく「ある意味ではよみ手の側の知識と思想と慣習をも語っている」(樺山)とするなら、江戸後期の養生論の変化の背後に、家の維持・存続への人々の願いと、家の存続のために、節度をもった、つまり快楽をおさえ生殖のための夫婦の交合を重視する意識の高まりを見ることができよう。

江戸後期には、第一章で述べたように、『養生訓』や通俗的実用書のなかから、性行為に関わる禁忌を取り出した写本や刷物が流布していく。そこでは、『養生訓』で多くの分量を費やして説かれた過度の性行為を慎むことと長寿の関係についての記述は姿を消す。

それに代わって、夫婦が性交を忌むべき日が『養生訓』よりも大幅に増加し、『養生訓』があげた、妻が妊娠中、月水中のみならず、「産後百日」も加えられる。それは、産後すぐに農業労働に携わらねば家を維持できない民衆の女の身体への配慮であり、産後は、産婦のいのちにとって危機の時期でもあったからだろう。江戸後期には、人々の産の危機への不安とも切り結ぶ形で、妊娠中の性生活の是非、男女が交わってはいけない日、避妊、妊産婦の食忌などを説く産科養生論というジャンルも登場する。

夫婦の性行為そのものを慎み、生殖としての性を重視することが、家の維持・存続にとって重要と強調されたことは、上層社会の問題であった家の維持・存続が、江戸後期には、町人や農民たちにとっても現実的な課題となってきたことを物語る。

養生論は、広範な民衆に広まっていった。交合の回数にこだわる一茶の性への意識も、『養生訓』の延長上にあると見てよいだろう。また一茶は、妊娠中の菊としばしば「交合」するが、そこには精をもらさなければ、たびたび交接し自らの性欲を満足させることが長寿につながるとの願望もあったのではないだろうか。養生論は、江戸前期から後期へ、人々の家の維持・存続への願いと切り結ぶ形で変容し、夫婦の性の営みのなかにも入り込み、性意識に影響を与えていった。

3　農民にとっての家と「仕合《しあわせ》」

農書にみる「妻を娶る事」

農民自身が書いた「農書」には、どのような家への意識、そして性への意識を読みとることができるのだろうか。江戸後期の農書には、妻選びを説くものが登場する。下野《しもつけ》国芳賀郡小貫《おぬき》村(現・栃木県芳賀郡茂木《もてぎ》町)の名主、小貫万右衛門が文化五年(一八〇八)、四六歳の時に自らの農業労働と名主としての二十数年の経験にもとづいて書いた『農家捷径抄《しょうけいしょう》』が、それである。

小貫村は、万右衛門が生まれた一八世紀半ば、戸数・人口とも急激な減少をとげ、とくに六石以下の零細経営が没落し、姿を消していた。そうしたなか、下野国芳賀郡では、寛政五年(一七九三)、代官の岸本武太夫によって人口増加策としての「赤子養育仕法」が取り組まれる(高橋梵仙)。

村役人である万右衛門が『農家捷径抄』を書いた背景にも、農村の状況への危機意識があった。万右衛門は記す。下野国の人々は生活の苦しさを嫌い、子どもを一人か二人育てると、それ以上は「間引」をしてきたため、突然、病気が流行したりすると、跡継ぎまでなくし、ついに家をつぶすことになり、しだいに人口が減少してきたのだ、と。

また、田畑を荒らす猪や鹿は、間引かれ「人間」として生まれることができなかった「児」の生まれ変わりであり、猪や鹿が「作物を荒す」「費」は、「小児」として「親の養育」を受けていたらかかっていた「費」なのだと説く。

万右衛門は、村の支配層として農民たちの「間引」を戒めねばとの意識から、代官が寛政六年（一七九四）の教諭や、同九年のお触書で「家内中よく家業に精出し」、「懐妊のものハ身を慎しミ」と、家を重視し人口増加をはかる「赤子養育仕法」を展開したことに期待をよせたのであった。

この書の特色は二つある。一つは、農書でありながら、単に農業技術を伝えるにとどまらず、農民に対する教諭書としての性格を色濃く持っている点、二つは男女二人で田畑各二反を耕作する経営を例示している点である。万右衛門にとっては家の維持・存続が、何よりも重要な課題であった。親から譲り受けた財産は、自分の代にはけっして減らさぬようにして子どもへ譲らなければ、「一人前」とは言えない、つまり本当の意味での百姓とは言えないというのが万右衛門の主張である。そのためにも妻選びを重視したのであった。

妻選びに際し万右衛門がもっとも重視したのは「農家の業に馴《なれ》たるを良しとす」ということ

であり、避けるべきとされたのは、色欲に溺れ、遊女や飯盛り女（「傾城、飯盛」）を娶《めと》ることであった。江戸前期の『女重宝記』（元禄五年［一六九二］）でも、男女の性は家の存続を目的とするとし、「色に迷ひ愛に溺れて妻をもつは道にあらず」と説いた。しかしここでは、より具体的に、遊女や飯盛り女の否定として説かれる。

なぜ、遊女や飯盛り女はよくないのか。それは、こうした女たちは、人との付き合いに擦れているので世渡りはうまいが、肝心の夫を軽蔑しがちで、「農業の働」もできないし、「多分子のなきもの也」、つまり多くは子どもが出来ないからという。万右衛門が遊女との比較で妻選びの条件を説いていること、遊女は「子のなきもの」という観念を持っていることが目をひく。

江戸時代には「遊女は子のないもの」とされたことについては、第四章でもふれた。『藤岡屋日記』には、新吉原のおいらんが三つ子を産んで評判になっているが（嘉永二年［一八四九］閏四月）、「これも玉子の四角なるべし」とある。遊女が子どもを産むことは、丸い玉子が四角になるような、ありえないことというのだ。遊女の性は、生殖に結びつかない、快楽、消費としての性とされた。

「仕合」と性

妻の条件について、万右衛門は、さらに次のように記す。

一、妻ハ婿を好むべからず。其家を大事、夫トを大切に、親達へ孝を尽し、子さへあらバ外に言分ハなきもの也、何程姝《みめ》よき迚《とて》、妍《みめ》よきハ家の災を発す事あり、誠に美服《びふく》人の指ざゝん事を恐るべし

人の妻たるものは、夫にあれこれ不満を持ってはならない。家の繁栄を第一に考え、夫を大切にし、親たちへは孝行を尽くし、そして子どもさえあれば十分である。なまじ姿や顔形ばかり美しいと家に災いをもたらす原因になりかねない。「妻ハ婿を好むべからず」との万右衛門の言葉は、『養生弁』の「夫妻に惚ること」を彷彿とさせる。

妻に求められたものは、労働能力と生殖能力であった。その対極に置かれたのが遊女や飯盛り女たちである。万右衛門は、生殖に結びつかない快楽としての性を求められ、容姿によって値踏みされる遊女から農民の妻への越境を否定する。それは、庶民の男たちも遊所に行き、遊女や飯盛り女を妻にすることもあった性買売の大衆化を背景とするものであった。ちなみに、第四章で取り上げた「諸国遊所見立角力幷ニ直段附」には、下野国の三カ所の遊所、奥州街道

沿いの宿場にあった「うつの宮」(現・宇都宮市)、「喜連川《きつれがわ》」(現・喜連川町)、「作山《さくやま》」(現・大田原市)があげられている。家の存続を重視する視点は、日常の家と非日常の遊所、そして農民の妻の産む身体と、遊女の産まない身体とを差別化していく。

注目したいことは、「妻を娶る事」について、万右衛門が「仕合《しあわせ》」という言葉で語っている点である。江戸時代の幸せ、つまり「仕合」とは、物事を成し遂げることのなかで得られる感情であり、与えられた職分を尽くすこと、農民であれば農民として働くことのなかにあった(倉地『「生きること」の歴史学』)。万右衛門は、洗い張りや糸織そのほか、家内の仕事の始末がよい妻を娶れば「仕合」であり、それらに疎く、身持ちのよくない妻を持てば、夫にとっては「身の不仕合《ふしあわせ》」であり、家が治まらないという。

家の維持・存続を自らの課題とし、男女二人、夫婦で働く経営モデルを示した万右衛門にとっては、夫婦で働いて家を維持し、夫婦のあいだにもうけた子どもに譲ることが「仕合」であった。とはいえ、それは生やさしいものではなかった。息子に無事家を譲り、隠居の身で『農家捷径抄』を書いた万右衛門であるが、「夫婦二人きりで暮らしているうちは、暮らしも何とかなるが、子どもが一人、二人、三人となり一家五人になると、ちょっと油断すると暮らしていけなくなる」(「少しも油断してハ暮し兼《かね》るもの也」)と述べている。

万右衛門は、夫婦の性については語らない。それは、養生論が説くように、性欲は、労働への意欲にふりむけられるべきものであり、快楽としての性は、暮らしを危機に至らしめるもの、夫婦の性は、子どもをもうける「生殖のための性」であるのは自明のことだったからだろう。

4　江戸時代から近代への転換

死と隣り合う生

江戸時代を生きた人々にとって、家は生産と生活の単位であり、生きていくための生活の基盤であったから、その維持・存続は心からの願いであった。とはいえ、それは容易なことではなかった。飢饉、災害、疫病の流行はもちろん、出産は時に母と子の死を伴ったし、多すぎる子どもが家の維持・存続を危機に陥れる一方で、生まれた子どもや、堕胎・間引きをせずに残した子どもが生き延びるとは限らなかった。

各章をふりかえっても、そこには多くの死がある。一茶と菊がもうけた三男一女は、すべて二歳未満で死ぬ。長女さとのいのちを奪った疱瘡は、江戸時代の多くの子どものいのちを奪った。産後の肥立ちの悪さから、菊もまた三〇代で死ぬ。「大保恵《おぼえ》日記」を書いた太助はといえば、長男が隣家の娘と結ばれ、孫も出来て喜んだのも束の間、孫は生後わずか二カ月ほどで死に、さらに同じ年、家を継ぐべき長男を二七歳で亡くす。太助は自分も死のうとまで思い詰めるが、菩提を弔うために生きることを決意し、二年の中断を経て日記を再開する。

江戸時代には、死ぬ子ども、出産で死ぬ母、家を継ぐ子どもを亡くす親も多くいた。歴史人口学の研究によれば、出生児の二〇%近くが一歳未満で死に、五歳までの幼児の死亡率は二〇～二五%であった。出産はといえば、江戸後期の出産の一〇～一五%が死産、産後死と難産死は、二一歳から五〇歳の女性の死因の二五%を上回っていた。平均余命は、階層、身分差があるが、男女ともに、一八世紀には三〇代半ば、一九世紀には三〇代後半。平均余命が男五〇・一歳、女五四・〇歳と、初めて五〇歳を超えるのは、第二次大戦後の一九四七年のことである（鬼頭宏『人口から読む日本の歴史』）。

こうしたいのちの状況や災害、疫病の危険もあるなかで、民衆にとって家を維持・存続させることは、暮らしといのちの二つを天秤にかけることを突き付けられる、そうした重みを持っていた。

家は、民衆にとっては「「いのち」を支える最初にして最後の砦《とりで》」（倉地『徳川社会のゆらぎ』）であり、その存続は心からの願いであった。他方で家は、領主や共同体にとっても社会を支える基礎であり、民衆の願いを媒介に、支配的な性規範、性意識の浸透がはかられた。しかし家の維持・存続が社会の支配的な価値になるなかで、人々はそれに縛られるようになる。女と男の性の営みからは、家の維持・存続がはらむこうした矛盾のなかで、暮らしといのちの危ういバランスを懸命にとろうとした人々の姿が見えてくる。

堕胎禁止からスタートした明治政府

近代国家を目指す明治政府が、明治元年（一八六八）一二月二四日に出した布告は、産婆による堕胎や堕胎薬の販売を禁止するものであった。また東京府が「堕胎薬販売ヲ厳禁ス」との令を出したのは、明治に改元される三日前の慶応四年九月五日。斎藤美奈子が、明治維新の年は「堕胎薬の販売が禁止された年」であり、「日本の近代は、大政奉還ではなく、望まない妊娠の管理統制からスタートしているのである」（『妊娠小説』）というのも、うなずける。明治政府の産婆統制、堕胎禁止は、人口増加政策のための性・生殖の統制という面で江戸時代の妊娠・出産管理政策と連続していた。

夫婦の性の営みは、子どもをもうける生殖のためになされるべきという婚姻・性・生殖の一致という規範、そして女の身体を介した家の統制、管理は、国家にとっての富としての人口に着目した近代国家の政策にも引き継がれていくこととなる。

ただ、江戸時代の妊娠・出産管理政策が共同体を媒介になされたのに対し、近代国家による性・生殖管理は、共同体を介さずに、直接に家族を掌握しようとした。明治政府は、村役人層や共同体を媒介に行われていた堕胎・間引きの相互監視を編成替えし、警察をはじめとする近代的な権力のもとで性・生殖統制を進めていく。

近代国家の基礎単位として重視されたのが「家」である。明治政府はいち早く家と婚姻の規制に乗り出す。明治四年(一八七一)四月には、宗門改帳を廃止し、直接、戸主を通じて家族を把握する戸籍法が制定される。江戸時代を通じて人々の間にも広く形成されていた「家」を踏まえながら、国民を統合するための単位として「家」を位置づけようとしたのである(大藤修『近世農民と家・村・国家』)。

明治六年(一八七三)の太政官布告第二一号では「妻妾に非《あらざ》る婦女にして分娩する児子は一切私生を以て論し其婦女引受たるべき事」と「私生児」の規定が明確にされるとともに、「私生児」は、産んだ女性が養育すべきとされる。同八年には、太政官布告第二〇九号により法律婚主義が採用され、同一五年施行の刑法では堕胎は犯罪として規定される。

性買売については、明治五年(一八七二)の太政官布告第二九五号で「娼妓・芸妓等、年季奉公人一切解放致スベシ」とする、いわゆる「芸娼妓解放令」が出される。もっとも、この解放令は、身売りの実態に変化はないにもかかわらず、性買売を行うのは娼婦自身とすることで、身を売る女たちへの新たな差別と抑圧を生む。同年には、「違式詿違条例《いしきかいいじょうれい》」という性に関する風俗規制の法律が出され、人前で裸になることや、銭湯での男女混浴が禁止される。

さらに、江戸時代に多く出回っていた、性交のプロセスをはじめ性についてのさまざまな知識を述べた「艶道物《えんどうもの》」が大量に焼き捨てられる（橋本紀子他「性意識と性教材の社会史」）。その一方で、明治九年（一八七六）の『通俗造化機論』をかわきりに、欧米の性科学書の翻訳が登場する。開化期に現れた性科学書の意味で「開化セクソロジー」といわれるこれらの特色は、江戸時代には陽根や玉茎、男根と言われていた男性性器を「陰根」と翻訳、朱門、情所、玉門と言われていた女性性器を「陰門」とするなど、すべてを「陰に追いや」った（上野千鶴子）点にある。

性の現場に立つ

「近代日本における性の変容を論じる民俗学者・社会史家・社会学者・社会評論家には、現在でも広く共有される歴史的〈常識〉が存在するように思われる」、そう指摘したのは、赤川学である。その「歴史的〈常識〉」とは、江戸時代は性行動の自由度も高く、性規範も「おおらか」、性は穢《けが》らわしいもの、抑圧されるべきものとする見方がみられるようになるのは明治以降のことというものである（『セクシュアリティの歴史社会学』）。江戸時代の性風俗を「おおらか」と捉える傾向は、春画（枕絵）や春本、浮世絵、色道書、あるいは武士の日記にみる猥談などを史料に、江戸時代の性風俗を探る研究にも見られる。

確かに、近代初頭の性に対する規制、そして文明開化とともに欧米から入ってきた性に関して抑圧的な規範との対比で捉えれば、江戸時代の性は「おおらか」で、江戸時代は性に対して寛容な社会に見える。江戸時代の性は「おおらか」というのは、現代の私たちの常識、通念となっているといっていいかもしれない。しかし近代との断絶や対比で、江戸時代の性の世界を「おおらか」と捉えてしまってよいのだろうか。

本書では、現代に生きる私が、江戸時代という異なる時代の史料を読み解く困難を意識しつつ、近現代との対比で見るのではなく、人々が生きた時代に身を置き、人々が残した史料を時代のなかで読み解くことで、言い換えれば江戸時代の性の現場に立って、その社会に生きた女と男の性の営みを明らかにしようとしてきた。

そこから見えてきた性の世界は、江戸時代の性は「おおらか」という私たちの常識の問い直しを迫る。仲人を立てた婚姻以外は不義・密通とし、婚姻内の夫婦の生殖のための性を特権化する婚姻・性・生殖の一致という性規範。そうした性規範は、家の維持・存続への人々の願いを媒介に民衆のなかにも入り込んでいった。幕府や藩の政策ともあいまって、人々は、家を価値化する一方で、遊所や遊女を差別化していく。また、家と生殖のための性の価値化のなかで、抑圧され行き場を失った快楽としての性への欲望を吸収する性買売の大衆化が起きていく。性をめぐる経験は、買う男と身を売る女に典型的に示されるように、女と男で異なる意味を持っていた。

人は、歴史や時代の制約、とくに生きることをめぐる歴史的条件から自由ではあり得ない。それは、現代の私たちも、そうである。江戸時代のそうした制約のなかで日々を積み重ねてきた、一人ひとりの生きることと性の営みがあってこそ、今の私たちがある。江戸時代の性の世界は、そのことの重みを、確かな手ざわりとともに伝えてくれる。

おわりに――生きることと性

『妻たちの思秋期』の提起

近代以降、表立って語るべきではなく、私的な事柄に属するとされた夫婦の性が語られはじめたのは、一九八〇年代のことだ。契機となったのは、一九八二年に出された、斎藤茂男の『妻たちの思秋期』だろう。斎藤は、日本社会を支えている「企業の生産活動の端末基地としての「家庭」」と、そこでの性別役割分業体制の抱える問題点が、夫と妻の「性関係」のなかに典型的に表れてくることを衝撃的に抉《えぐ》り出した。

斎藤は、夫婦関係にまで立ち入って「妻たち」を取材するなかで、性の問題を避けては通れないことに気づく。女たちの訴えは、「男性をふくむ私たちこの時代に生きるすべての人間にとって、人間らしく生きるとはどういうことなのか、人間らしく生きられる社会とはどういうものなのか――といった根源的な問いを投げかけ」る、しかも「女だけの問題ではなく、男の問題でもある」ことを「実感」させるものだったという。

妻たちは、性別役割分担夫婦の性関係が、「男と女の両方の喜び」とならず、自分は夫の「欲望を排泄《はいせつ》する道具に過ぎない」と「惨め」な思いを抱いていること、また結婚という名の生活の安定、保証のかげで、性においても受動的な立場に置かれていることへの疑問を、「心と体のナマ身の表現」で訴えたのである。

性をめぐる研究も一九八〇年代以降に始まる。上野千鶴子は、『妻たちの思秋期』の解説で、「性の領域の研究」が、「ようやくまともな研究対象と見なされる」ようになる動きと、「『ふつうの女』の下半身を含めた日常生活」が、「日本という社会の巨大な病理に分かちがたく結びついていることを明らかにした」斎藤の仕事とは、「期せずして歩みを共にしていた」と指摘している。性別役割分担家族としての近代家族が大衆化するとともに、その病理が明らかになった、まさにその時期に、女と男の性の営みをめぐる問題が、現代社会や、そこでの女と男の関係を考えていく核として取り上げられたのであった。

歴史のなかで性を問う

歴史学においても、一九八〇年代末に、性の問題は人間という存在の根源に関わることが指摘され、一九九〇年代後半には、日本近世史でも性や身体に関わる問題が取り上げられるようになる。しかし、性と社会や国家との関係を追究することが歴史学の重要な課題であるとの提起が、主な歴史学研究の機関誌でなされたのは、ようやく二〇〇〇年代になってのことである(「生殖と女性史」『歴史評論』二〇〇〇年四月、「性と権力関係の歴史」『歴史学研究』二〇〇二年七月)。

本書は、これら性をめぐる研究の蓄積にも学びながら、なかでも解明が不十分な、江戸後期の民衆の女と男の性の営みに光をあてた。江戸後期は、民衆レベルでの家の成立や、家にとって重要ないのちをつないでいく女と男の性の営みの意識化という点で、重要な画期をなす。

本書では、性の現場を物語るさまざまな史料を読み解き、女と男の性の営みをめぐる個別的で具体的な経験の諸相を積み重ね、江戸時代の性の全体像と、その歴史的特徴を浮き彫りにすることを試みた。性のありかたは、家族や労働のありかたと深く結びついている。民衆の女と男の性の営みは、人々の生きる砦である家を、夫婦がともに働いて維持し、つないでいく、生きる営みと切り離せないものとしてあった。こうした民衆の性の営みに対し、生殖のための性を特権化する、婚姻・性・生殖の一致の規範化が進められる。その一方で、快楽としての性への抑圧が進行するなかで、遊所の広範な広がりと性買売の大衆化が進んでいく。

さらに近代に至ると、人々の生きる場は江戸時代の「家」から、労働と生活の場が分離した近代家族(＝家庭)へと変化していく。恋愛・婚姻・性・生殖の一致の規範化が進められ、「恋愛・純潔・結婚」は三位一体（ノッター）という規範が、近代家族を特徴づける。その性規範は、婚姻内の夫婦の性を正当なものとするとともに、性買売、婚姻外の性交、婚姻前の性交への罪悪視を強めていく（赤川学）。また、夫婦の性関係についても、女と男の性別役割分担、女と男の差異が強調されていく。

近代家族に受容され、当時のベストセラーとなった、東京女子高等師範学校の教育学の教授、下田次郎の『胎教』（一九一三年）では、「受胎」のメカニズムも、「自ら運動」する能動的な精子とそれを受け止める卵子という、男の能動性と女の受動性で説明される。『主婦之友』の付録「娘と妻の衛生読本」（一九三七年八月）では、「特に妻は、生活そのものが、本来受動的の立場にあるのですから、できるだけ、その要求を（夫の―引用者注）気持ちよく通すようにし、自分の欲望は、抑えることができるように修養せねばなりません。そうしてこそ、前より一段と深みのあるものになり、夫婦の仲がしっくりしてきます」とする。

女たちの性は、母として子どもを産む性、妻として夫の欲望を受け入れる性という、母であり、妻であることに還元されていく。女として人間としての性の喜びや、男女の結びつきを深めるための性関係ではなく、生殖のための性、とりわけ家庭の幸福な将来を保証する優秀な子どもを産むための性が重視されていく。性は家庭のなかに閉じ込められ、人前で語るものではない私的な事柄となり、女と男の性の営みでは男の欲望を重視すべき、子どもは性的話題から隔離されるべきといった、現代の私たちになじみのある性規範がつくられていく。

そのような近代家族の形成を理想とし、妻・母として生きようとした一人の女性、三宅やす子が、夫の死後、文筆で生計を立てようとして著した『我が子の性教育』(一九二四年)では、母の性教育が目指すのは、子どもの目から夫婦の「夜」の生活を隠蔽《いんぺい》し、子どもが「真の恋愛を得るまで聖《きよ》く身を持すること」だとする。三宅は、「下卑た性的な言語」を「子どもの環境」に持ち込む人々は「下品」な人々であり、子どもには、性的なことは語るべきではないと教えるべきと説く。

しかし、三宅のような近代家族の母親たちからは「下品」で性道徳に欠けた存在と見なされていた、子守や女中、女工、農村女性といった働く女たちには、江戸時代の民衆の性や性愛と連続する性の世界があった。「粗野で、動作にも言葉にもいわゆる文化的な技巧がない」「恋の前に直《すぐ》に火と燃え上がってしまう」、恋と性が一体となった女工たちの姿を共感を持って描き出す『女工哀史』(細井和喜蔵、一九二五年)。そして一九三〇年代の熊本県の農村の性のありようを生き生きと伝える『須恵村の女たち』(ロバート・J・スミス他、一九八七年)は、幼い子どもたちが大人たちの性的なからかいや戯《たわむ》れの対象となり、両親の性交も子どもたちの眼から閉ざされるべき秘密の行いとは捉えられていない性の世界を伝える。

性に焦点をあてて歴史を見るとき、性のありかたは、家族や労働のありかた、階層や時代によって違うことが明らかになるだけでなく、現代を生きる私たちの常識や通念が問われるのである。

性をめぐる現在へ

子どもたちの性意識は、社会の支配的な性意識を映し出す。男は能動的、女は受動的であるべきという男と女を差異化する意識、性を何か淫靡《いんび》で隠すべきものと見る意識、女性の身体を道具として見る意識は、子どもたちの性意識にも反映される。そのことを明らかにしたのは、一九七〇年代末の子どもたちの性意識について、教員たちの調査結果をまとめた『生き方を考える性の教育』(一九七八年)である。調査は、岐阜県中津川市の小学五、六年の二学級全員(六九名)を対象に二度にわたって実施された。子どもたちが「いちばんエッチだと思うこと」を描いた「性画」のなかで、とくに男子に多かったのは「首なし女体」や男性上位の性交場面である。男子児童が、性を男性主体のもの、女性の性は男性に従属するものと受け止め、性を人格抜きの「人間の内面を無視した衝動的行為」として、とりわけ男性の欲望の面から捉えていることが見てとれる。

子どもたちの性意識は、性の問題が、人間の存在に関わる尊厳の問題として理解されていない実態を浮き彫りにする。「性」という言葉の語源は、心をまっすぐにして生きることにある。『生き方を考える性の教育』という書名は、性を生きることと結び付け、生き方として性を捉える必要があるとの視点から選びとられたのであった。

その後、一九九五年に北京で開かれた第四回世界女性会議では、「強制や差別を受けることなく、性について自由にコントロールする女性の権利」が「性の権利」(sexual rights)として提起される。では、女性たちは、性の権利を守られているか、自由に行使できているかといえば、性の問題は、現在も大きな課題であり続けている。

生きることと切実に結びついていた江戸時代の女と男の性の営みは、私たちに、生きることの原点から性の問題を考えること、歴史に学ぶことを求めているのではないだろうか。

本書が、そのささやかな手がかりになればと願っている。

主要参考文献および史料

主な参考文献を、章ごとに著者名の五十音順で掲げる。また、各章で用いた史料の主なものを示しておく。他にも多くの先行研究に負っているが、一般書という性格から、そのすべてを記すことはできなかった。なお、関連の拙著・拙論は、末尾に掲げた。

第一章

青木美智男『一茶の時代』校倉書房、一九九九年
青木美智男『小林一茶　時代をよむ俳諧師』山川出版社、二〇一二年
青木美智男『小林一茶　時代を詠んだ俳諧師』岩波新書、二〇一三年
井上ひさし・金子兜太「一茶・息吐くように俳諧した人」矢羽勝幸編『一茶の総合研究』信濃毎日新聞社、一九八七年
大場俊助「一茶性交の記録――七番日記・九番日記より」『国文学　解釈と鑑賞』第四八巻第五号、一九八三年
大場俊助『一茶の研究　そのウィタ・セクスアリス』島津書房、一九九三年
神田龍一「一茶書簡抄」『日本俳書大系　第一二巻　一茶一代集』春秋社、一九三四年
北小路健『一茶の日記』立風書房、一九八七年

鈴木明子「『七番日記』にみる女性の生活と北信の民俗」『市誌研究ながの』一三号、二〇〇六年
高野信治「〈障害者〉への眼差し――近世日本の人間観という観点から」『日本史学のフロンティア2』法政大学出版局、二〇一五年
高橋敏『一茶の相続争い――北国街道柏原宿訴訟始末』岩波新書、二〇一七年
高橋梵仙『日本人口史之研究　第一』日本学術振興会、一九七一年
田野辺富蔵『医者見立て　英泉『枕文庫』』河出書房新社、一九九六年
深谷克己『近世人の研究――江戸時代の日記に見る人間像』名著刊行会、二〇〇三年
藪田貫『男と女の近世史』青木書店、一九九八年
渡邊弘『こころをよむ　一茶とその人生』NHK出版、二〇一三年

【史料】

『一茶　七番日記(下)』岩波文庫、二〇〇三年
新井義雄編『一茶遺墨鑑』新井大正堂、一九二六年
喜田川守貞、宇佐美英機校訂『近世風俗志(守貞謾稿)(三)』岩波文庫、一九九九年
信濃教育会編『一茶全集』第四巻、信濃毎日新聞社、一九七七年
信濃教育会編『一茶全集』第五巻、信濃毎日新聞社、一九七八年
「男女交接禁忌の日」井原市史編纂委員会編『井原市史　Ⅲ　古代・中世・近世史料編』井原市、二〇〇三年
「夫婦交合の掟」『逗子市史　資料編Ⅱ　近世Ⅱ』逗子市、一九九八年

『女重宝記大成』山住正己他編注『子育ての書　1』東洋文庫、平凡社、一九七六年

第二章

秋山晋吾『姦通裁判――18世紀トランシルヴァニアの村の世界』星海社新書、二〇一八年
飯豊町史編纂委員会編『飯豊町史』上巻、一九八六年
東置賜郡教育会編『東置賜郡史』下巻、名著出版、一九七三年
菊地直編『置賜のことば百科(下)』笹原印刷、二〇〇七年
桜井由幾「間引きと堕胎」『日本の近世　第一五巻　女性の近世』中央公論社、一九九三年
浜野潔「歴史から見た人口減少社会」『環』26、特集「人口問題」再考、藤原書店、二〇〇六年
吉田義信『置賜民衆生活史』国書刊行会、一九七三年
ラビナ、マーク(浜野潔訳)『「名君」の蹉跌――藩政改革の政治経済学』NTT出版、二〇〇四年

【史料】

「以書付御答申上候事(当村大友善次郎妻離別一件ノ義ニ付)」「御請状差上申事(娘きや離別一件出入ノ義ニ付)」(『古文書近世史料目録　第八号　三浦文庫文書(二)』)、山形大学附属博物館所蔵
「聟娵縁定御改帳」「懐胎女御改帳」(三浦文庫文書)、山形大学附属博物館所蔵ほか

第三章

大島晃一「陸奥国一関藩建部清庵塾の診療記」『一関市博物館研究報告』四号、一関市博物館、二〇〇一

年
鬼頭宏『人口から読む日本の歴史』講談社学術文庫、二〇〇〇年
国本恵吉「千葉理安（花岡青洲門下生）とその学塾「施無畏堂」について」花泉町先人顕彰会、一九九〇年
小池淳一「呪術の歴史と民俗」高橋一樹編『歴史研究の最前線8　史料の新しい可能性をさぐる』吉川弘文館、二〇〇七年
斎藤修「農業発展と女性労働――日本の歴史的経験」『経済研究』第四二巻第一号、一九九一年
杉立義一『お産の歴史――縄文時代から現代まで』集英社新書、二〇〇二年
相馬美貴子「磐井郡流在住の一関藩医の診療記録」『一関市博物館研究報告』一八号、二〇一五年
高橋梵仙『日本人口史之研究　第二』日本学術振興会、一九五五年
田間泰子「妊娠から歴史を考える」歴史学研究会編『歴史を未来につなぐ――「3・11からの歴史学」の射程』東京大学出版会、二〇一九年
塚本学『生きることの近世史――人命環境の歴史から』平凡社、二〇〇一年
【史料】
「富沢村喜太郎妻横産手先出たる者」『橘井録』（『竜雲齋門生筆記』所収）、一関市教育委員会所蔵
「文化十二年二月吉日　徑養育・御改正御用留牒」大郷町史史料編集委員会編『大郷町史　史料編三』大郷町、一九八六年ほか

第四章

内野花「近世大坂における回生術と産科学」『日本医史学会雑誌』第五五巻第一号、二〇〇九年
海原亮「都市大坂の捨子養育仕法――『年々諸用留』の事例から」『住友史料館報』四〇号、二〇〇九年
金田平一郎「判例近世大坂私法一班――大坂奉行所判決四十五題紹介」石井良助編『中田先生還暦祝賀法制史論集』岩波書店、一九三七年
関民子『江戸後期の女性たち』亜紀書房、一九八〇年
曽根ひろみ『娼婦と近世社会』吉川弘文館、二〇〇三年
松原祥子『松江城下に生きる――新屋太助の日記を読み解く』松江市教育委員会、二〇一〇年
三田村鳶魚「奴遊女九重」「江戸時代の高級遊女」『三田村鳶魚全集』第一一巻、中央公論社、一九七九年
宮本由紀子「隠売女と旗本経営――「藤岡屋日記」を中心として」『駒澤史学』五五、二〇〇〇年
横田冬彦「コラム「遊客名簿」と統計――大衆買春社会の成立」『「慰安婦」問題を／から考える――軍事性暴力と日常世界』岩波書店、二〇一四年
横山百合子「幕末維新期の社会と性売買の変容」明治維新史学会編『講座明治維新9　明治維新と女性』有志舎、二〇一五年
吉田伸之「序文」佐賀朝・吉田伸之編『シリーズ遊廓社会Ⅰ　三都と地方都市』吉川弘文館、二〇一三年
吉見義明『買春する帝国――日本軍「慰安婦」問題の基底』岩波書店、二〇一九年

【史料】
松江市歴史町づくり部史料編纂課『松江市歴史史料集　2-1～2-4　大保恵日記　Ⅰ～Ⅳ』二〇一六～一九年、そのほか、信楽寺所蔵文書

鈴木棠三・小池章太郎編『近世庶民生活史料　藤岡屋日記』第一〜三巻、三一書房、一九八七〜八八年
上林豊明『かくれさと雑考（売女値段考）』一九二七年（小川直之編『日本民俗選集　第六巻　江戸情調、かくれさと雑考』クレス出版、二〇〇九年）
『浅草寺文書』第一一巻、金龍山浅草寺、一九八七年
住友修史室編『住友史料叢書　年々諸用留　七番』二〇〇一年、同『住友史料叢書　年々諸用留　十一番』思文閣出版、二〇一三年
豊国『廓の明け暮　三代豊国版下大揃』有光書房、一九六四年ほか

第五章

赤川学『セクシュアリティの歴史社会学』勁草書房、一九九九年
上野千鶴子・小木新造・熊倉功夫校注『日本近代思想大系23　風俗　性』岩波書店、一九九〇年
大藤修『近世農民と家・村・国家――生活史・社会史の視座から』吉川弘文館、一九九四年
大藤修『近世村人のライフサイクル』山川出版社、二〇〇三年
樺山紘一『ルネサンス周航』青土社、一九七九年（福武文庫、一九八七年）
鬼頭宏『人口から読む日本の歴史』講談社学術文庫、二〇〇〇年
倉地克直「「男女和合」の世界」倉地克直・沢山美果子他『「性を考える」わたしたちの講義』世界思想社、一九九七年
倉地克直『性《せい》と身体《からだ》の近世史』東京大学出版会、一九九八年

倉地克直『徳川社会のゆらぎ』(『全集日本の歴史』第一一巻)、小学館、二〇〇八年
倉地克直『「生きること」の歴史学――徳川日本のくらしとこころ』敬文舎、二〇一五年
斎藤美奈子『妊娠小説』筑摩書房、一九九四年(ちくま文庫、一九九七年)
高橋梵仙『日本人口史之研究　第二』日本学術振興会、一九五五年
塚本学『生類をめぐる政治――元禄のフォークロア』平凡社、一九八三年
塚本学『生きることの近世史――人命環境の歴史から』平凡社、二〇〇一年
橋本紀子・田中秀家「性意識と性教材の社会史」『叢書　産育と教育の社会史2　民衆のカリキュラム　学校のカリキュラム』新評論、一九八三年
妻鹿淳子『犯科帳のなかの女たち――岡山藩の記録から』平凡社、一九九五年
妻鹿淳子「村の若者と娘たち」倉地克直・沢山美果子他『「性を考える」わたしたちの講義』世界思想社、一九九七年

【史料】
貝原益軒『養生訓・和俗童子訓』岩波文庫、一九六一年
須永昭校注・執筆『農家捷径抄』『日本農書全集22』農山村文化協会、一九八〇年ほか
武陽隠士、本庄栄治郎校訂『世事見聞録』岩波文庫、一九九四年

おわりに

赤川学『セクシュアリティの歴史社会学』勁草書房、一九九九年

石田和男『生き方を考える性の教育――恵那の教育実践』あゆみ出版、一九七八年
斎藤茂男『妻たちの思秋期』共同通信社、一九八二年(引用は『ルポルタージュ日本の情景1 妻たちの思秋期』解説上野千鶴子、岩波書店、一九九三年)
スミス、R・J/ウィスウェル、E・L『須恵村の女たち――暮しの民俗誌』御茶の水書房、一九八七年
ノッター、デビッド『純潔の近代――近代家族と親密性の比較社会学』慶應義塾大学出版会、二〇〇七年
細井和喜蔵『女工哀史』改造社、一九二五年(岩波文庫、一九八〇年)

本書に特に関連する拙著・拙論

『出産と身体の近世』勁草書房、一九九八年
『性と生殖の近世』勁草書房、二〇〇五年
『江戸の捨て子たち――その肖像』吉川弘文館、二〇〇八年
『近代家族と子育て』吉川弘文館、二〇一三年
「仙台藩領内赤子養育仕法と関連史料――東山地方を中心に」太田素子編『近世日本マビキ慣行史料集成』刀水書房、一九九七年
「「近代家族」の成立とセクシュアリティ」安井信子・今関敏子・沢山美果子『成熟と老い』世界思想社、一九九八年
「近代のセクシュアリティ」倉地克直・沢山美果子編『男と女の過去と未来』世界思想社、二〇〇〇年

「妊娠・出産・子育て――歴史人口学と社会史の対話」木下太志・浜野潔編『人類史のなかの人口と家族』晃洋書房、二〇〇三年
「女たちの声を聴く――近世日本の妊娠、出産をめぐる史料読解の試み」『歴史学研究』九一二号、二〇一三年
「生活文化にみるジェンダー――一九世紀東北農村の民間療法から見た」小泉和子編『新 体系日本史14 生活文化史』山川出版社、二〇一四年
「近世の性」『岩波講座日本歴史 第一四巻 近世5』岩波書店、二〇一五年
「「いのち」とジェンダーの歴史学」歴史学研究会編『第4次 現代歴史学の成果と課題1 新自由主義時代の歴史学』績文堂出版、二〇一七年

あとがき

「私は地面を刺繍するように一歩ずつしか進めない」

構想、史料の収集、執筆と二年近くの月日を費やすなかで、永瀬清子さんの詩、「私が豆の煮方を」の一節が何度も頭に浮かんだ。一歩、一歩、少しずつ進むなかで、ようやく一冊の新書を書き上げることができた。

私は、今まで、捨て子や乳を切り口に江戸時代のいのちの問題を考えてきたが、いのちの根底にある性の問題を考えるきっかけは、二〇一五年に刊行された『岩波講座日本歴史　第一四巻　近世5』に「近世の性」を執筆したことにある。貴重な執筆の機会を与えてくださった藤井譲治先生からは、執筆にあたり、視野を広げ、遊所や遊女の問題も含めて「近世の性」を考えるようにという課題をいただいた。執筆後も、いただいた課題について考えながら史料収集を続けるなかで、史料との幸運な出会いがあった。読みすすめるうちに、歴史に生きた女と男の姿が少しずつ、その輪郭を現してきた。「史料は生きている」というのは、史料を読むなかで感じた実感である。そして史料から見えてくる、ごく普通の人たちの性の世界を描き出したいと思った。

私は、もともとは近代教育思想史が専攻で、今でも古文書をスラスラとは読めない。だから、いきおい、一字一字確かめ、時には、辞典を引きながら読むことになる。書かれていることの意味を理解するにも時間がかかる。が、逆説的だが、つかえながらも虚心坦懐に読むなかで見えてくる世界があるのではないかと思うようになった。

そのように時間をかけて、コツコツと史料を読み、一章、一章、書いてきた。それは、歴史のなかに生きた女と男に接近する、楽しさに満ちた、かつスリリングな過程であった。

しかし、いよいよ江戸時代の性の全体像を描く、最も大変な最終段階にさしかかったとき、コロナ禍に見舞われた。編集者との打ち合わせも調査も研究会もすべてキャンセルせざるを得なくなり、客員研究員として籍を置く岡山大学の構内に入ることも、図書館を利用することもできなくなった。親しい友人たちにも、離れて暮らす東京、京都の息子たち家族にも会えなくなった。今まで当たり前のようにあった日常が消え、先の見通せない不安と孤独、閉塞感のなかで、一人原稿に向き合う日々は、今までにないほど辛かったし、書けなかった。

「そんな時は、散歩だよ」という友人の言葉に、夕方になると、ひたすら何も考えず散歩をした。季節さえ忘れていたが、時は春から新緑、そして初夏へと、一年で一番美しい季節であった。季節を感じることができるようになるにしたがって、散歩をしながら原稿について考えられるようになった。そのなかで、生が不確かだった時代、人間の弱さ、脆さに直面しながら生きていた江戸時代の人々の困難さや、生きることへの切実さが、嫌も応もなくコロナ禍の当事者となってしまった私自身に、切実なものとして迫ってきた。微力であっても、最後まで自分の持てる力を尽くして、江戸時代の性の全体像を描き出したいと思った。そして出来上がったのが本書である。

ここにたどりつくまでには、多くの方にお世話になった。山形大学附属博物館のみなさん、もと職員の高橋加津美さん、一関市博物館の相馬美貴子さん、もと松江市史料編纂課の内田文恵さん、そして岡山大学附属図書館、山形県立図書館のみなさんには史料収集で大変お世話になった。また、非常勤講師として教えているノートルダム清心女子大学の女性史の受講者のみなさんからは、試行錯誤の講義に対し、貴重な意見や疑問をよせていただいた。

本書は、たくさんの先学の業績に学び、さまざまな方に助けていただいたが、最後に五人の方のお名前をあげさせていただく。近世史研究に足を踏み入れて以来、折にふれ「史料を読むことが歴史学の基本、わからなくなったら、頭で考えるのではなく、史料にもどって考えることが大事」と励まし続けてくれた倉地克直さん、岩波新書『語る歴史、聞く歴史』を書いた経験も踏まえ、伴走者のように助言をしてくれた大門正克さん、最初の一般読者として草稿に率直な意見を寄せてくれた竹之内長・真名子夫妻、そして、『世界』の編集という重責を抱えつつ、編集の労をとってくださった大山美佐子さん。大山さんは、「本を書くということは読者との対話、読者がページをめくりたくなるような読み物でなければ」と、常に読者の立場から絶妙のタイミングで貴重なアドヴァイスをしてくれ、その粘り強い芯のある姿勢で励ましてくれた。何とか本書の上梓までこぎつけることができたのは、これらの方々をはじめ多くの方々の支えと励ましのおかげである。心から感謝申し上げたい。

そして、新しい読者の皆さんとの出会いと対話のきっかけになることを心から願いつつ、期待と不安のなかで、本書を送り出したいと思う。

夫が逝って九年目の二〇二〇年六月一六日に

沢山美果子

沢山美果子

1951年福島県生まれ
1979年お茶の水女子大学大学院博士課程人間文化研究科人間発達学専攻修了，博士(学術)
現在―岡山大学大学院社会文化科学研究科客員研究員，ノートルダム清心女子大学非常勤講師
専門―日本近世・近代女性史
著書―『出産と身体の近世』(勁草書房，1998年，第14回女性史青山なを賞受賞)
『性と生殖の近世』(勁草書房，2005年)
『江戸の捨て子たち――その肖像』(吉川弘文館，2008年)
『近代家族と子育て』(吉川弘文館，2013年)
『江戸の乳と子ども――いのちをつなぐ』(吉川弘文館，2017年)
編著―『働くこととジェンダー』(世界思想社，2008年)
ほか

性からよむ江戸時代
――生活の現場から
岩波新書(新赤版)1844

2020年8月20日　第1刷発行
2024年4月5日　第5刷発行

著　者　沢山美果子《さわやまみかこ》

発行者　坂本政謙

発行所　株式会社　岩波書店
〒101-8002 東京都千代田区一ツ橋2-5-5
案内 03-5210-4000　営業部 03-5210-4111
https://www.iwanami.co.jp/

新書編集部 03-5210-4054
https://www.iwanami.co.jp/sin/

印刷・精興社　カバー・半七印刷　製本・中永製本

ISBN 978-4-00-431844-6　　Printed in Japan

岩波新書新赤版一〇〇〇点に際して

ひとつの時代が終わったと言われて久しい。だが、その先にいかなる時代を展望するのか、私たちはその輪郭すら描きえていない。二〇世紀から持ち越した課題の多くは、未だ解決の緒を見つけることのできないままであり、二一世紀が新たに招きよせた問題も少なくない。グローバル資本主義の浸透、憎悪の連鎖、暴力の応酬——世界は混沌として深い不安の只中にある。

現代社会においては変化が常態となり、速さと新しさに絶対的な価値が与えられた。消費社会の深化と情報技術の革命は、種々の境界を無くし、人々の生活やコミュニケーションの様式を根底から変容させてきた。ライフスタイルは多様化し、一面では個人の生き方をそれぞれが選びとる時代が始まっている。同時に、新たな格差が生まれ、様々な次元での亀裂や分断が深まっている。社会や歴史に対する意識が揺らぎ、普遍的な理念に対する根本的な懐疑や、現実を変えることへの無力感がひそかに根を張りつつある。そして生きることに誰もが困難を覚える時代が到来している。

しかし、日常生活のそれぞれの場で、自由と民主主義を獲得し実践することを通じて、私たち自身がそうした閉塞を乗り超え、希望の時代の幕開けを告げてゆくことは不可能ではあるまい。そのために、いま求められていること——それは、個と個の間で開かれた対話を積み重ねながら、人間らしく生きることの条件について一人ひとりが粘り強く思考することではないか。その営みの糧となるものが、教養に外ならないと私たちは考える。歴史とは何か、よく生きるとはいかなることか、世界そして人間はどこへ向かうべきなのか——こうした根源的な問いとの格闘が、文化と知の厚みを作り出し、個人と社会を支える基盤としての教養となった。まさにそのような教養への道案内こそ、岩波新書が創刊以来、追求してきたことである。

岩波新書は、日中戦争下の一九三八年一一月に赤版として創刊された。創刊の辞は、道義の精神に則らない日本の行動を憂慮し、批判的精神と良心的行動の欠如を戒めつつ、現代人の現代的教養を刊行の目的とする、と謳っている。以後、青版、黄版、新赤版と装いを改めながら、合計二五〇〇点余りを世に問うてきた。そして、いままた新赤版が一〇〇〇点を迎えたのを機に、人間の理性と良心への信頼を再確認し、それに裏打ちされた文化を培っていく決意を込めて、新しい装丁のもとに再出発したいと思う。一冊一冊から吹き出す新風が一人でも多くの読者の許に届くこと、そして希望ある時代への想像力を豊かにかき立てることを切に願う。

（二〇〇六年四月）

岩波新書より

認知症フレンドリー社会	徳田雄人
アナキズム 一丸となってバラバラに生きろ	栗原康
まちづくり都市 金沢	山出保
総介護社会	小竹雅子
賢い患者	山口育子
住まいで「老活」	安楽玲子
現代社会はどこに向かうか	見田宗介
EVと自動運転 クルマをどう変えるか	鶴原吉郎
ルポ 保育格差◆	小林美希
棋士とAI	王銘琬
科学者と軍事研究	池内了
原子力規制委員会	新藤宗幸
東電原発裁判	添田孝史
日本問答	田中優子 松岡正剛
日本の無戸籍者	井戸まさえ
〈ひとり死〉時代のお葬式とお墓	小谷みどり
町を住みこなす	大月敏雄
歩く、見る、聞く 人びとの自然再生	宮内泰介
対話する社会へ	暉峻淑子
悩みいろいろ	金子勝
魚と日本人 食と職の経済学	濱田武士
ルポ 貧困女子	飯島裕子
鳥獣害 動物たちと、どう向きあうか	祖田修
科学者と戦争	池内了
新しい幸福論	橘木俊詔
ブラックバイト 学生が危ない	今野晴貴
原発プロパガンダ	本間龍
ルポ 母子避難	吉田千亜
日本にとって沖縄とは何か	新崎盛暉
日本病 長期衰退のダイナミクス◆	金子勝 児玉龍彦
雇用身分社会	森岡孝二
生命保険とのつき合い方◆	出口治明
ルポ にっぽんのごみ	杉本裕明
鈴木さんにも分かるネットの未来	川上量生
地域に希望あり◆	大江正章
世論調査とは何だろうか◆	岩本裕
フォト・ストーリー 沖縄の70年	石川文洋
ルポ 保育崩壊	小林美希
多数決を疑う 社会的選択理論とは何か	坂井豊貴
アホウドリを追った日本人	平岡昭利
朝鮮と日本に生きる	金時鐘
被災弱者	岡田広行
農山村は消滅しない	小田切徳美
復興〈災害〉	塩崎賢明
「働くこと」を問い直す	山崎憲
原発と大津波 警告を葬った人々	添田孝史
縮小都市の挑戦	矢作弘
福島原発事故 被災者支援政策の欺瞞	日野行介
日本の年金◆	駒村康平
食と農でつなぐ 福島から◆	塩谷弘康 岩崎由美子
過労自殺〔第二版〕◆	川人博

(2023.7) ◆は品切，電子書籍版あり． (D2)

岩波新書より

金沢を歩く　山出保
ドキュメント 豪雨災害　稲泉連
ひとり親家庭　赤石千衣子
女のからだ フェミニズム以後　荻野美穂
〈老いがい〉の時代◆　天野正子
子どもの貧困 Ⅱ　阿部彩
性と法律　角田由紀子
ヘイト・スピーチとは何か◆　師岡康子
生活保護から考える◆　稲葉剛
かつお節と日本人　宮内泰介・藤林泰
家事労働ハラスメント　竹信三恵子
福島原発事故 県民健康管理調査の闇◆　日野行介
電気料金はなぜ上がるのか◆　朝日新聞経済部
おとなが育つ条件　柏木惠子
在日外国人〔第三版〕　田中宏
まち再生の術語集　延藤安弘
震災日録 記憶を記録する◆　森まゆみ
原発をつくらせない人びと　山秋真

社会人の生き方◆　暉峻淑子
構造災 科学技術社会に潜む危機　松本三和夫
家族という意志◆　芹沢俊介
ルポ 良心と義務　田中伸尚
夢よりも深い覚醒へ◆　大澤真幸
3・11 複合被災◆　外岡秀俊
子どもの声を社会へ　桜井智恵子
就職とは何か◆　森岡孝二
日本のデザイン　原研哉
ポジティヴ・アクション　辻村みよ子
脱原子力社会へ◆　長谷川公一
希望は絶望のど真ん中に　むのたけじ
アスベスト 広がる被害　大島秀利
原発を終わらせる　石橋克彦編
日本の食糧が危ない　中村靖彦
希望のつくり方　玄田有史
生き方の不平等◆　白波瀬佐和子
同性愛と異性愛　風間孝・河口和也
新しい労働社会　濱口桂一郎

世代間連帯　上野千鶴子・辻元清美
道路をどうするか　五十嵐敬喜・小川明雄
子どもの貧困　阿部彩
子どもへの性的虐待◆　森田ゆり
テレワーク 「未来型労働」の現実　佐藤彰男
反貧困　湯浅誠
不可能性の時代　大澤真幸
地域の力　大江正章
少子社会日本　山田昌弘
親米と反米　吉見俊哉
「悩み」の正体　香山リカ
変えてゆく勇気◆　上川あや
戦争で死ぬ、ということ　島本慈子
ルポ 改憲潮流　斎藤貴男
社会学入門　見田宗介
冠婚葬祭のひみつ　斎藤美奈子
少年事件に取り組む　藤原正範
悪役レスラーは笑う◆　森達也
いまどきの「常識」◆　香山リカ

(2023.7)　◆は品切，電子書籍版あり．(D3)

岩波新書より

働きすぎの時代◆	森岡孝二
桜が創った「日本」	佐藤俊樹
生きる意味	上田紀行
社会起業家◆	斎藤槙
逆システム学◆	金子勝・児玉龍彦
男女共同参画の時代	鹿嶋敬
当事者主権	中西正司・上野千鶴子
豊かさの条件	暉峻淑子
クジラと日本人	大隅清治
人生案内	落合恵子
若者の法則	香山リカ
自白の心理学	浜田寿美男
原発事故はなぜくりかえすのか	高木仁三郎
日本の近代化遺産	伊東孝
証言 水俣病	栗原彬編
日の丸・君が代の戦後史◆	田中伸尚
コンクリートが危ない	小林一輔
東京国税局査察部	立石勝規

バリアフリーをつくる	光野有次
ドキュメント 屠場	鎌田慧
能力主義と企業社会	熊沢誠
現代社会の理論	見田宗介
原発事故を問う◆	七沢潔
災害救援	野田正彰
スパイの世界	中薗英助
都市開発を考える	大野輝之・レイコ・ハベ・エバンス
ディズニーランドという聖地	能登路雅子
原発はなぜ危険か◆	田中三彦
豊かさとは何か	暉峻淑子
農の情景	杉浦明平
異邦人は君ヶ代丸に乗って	金賛汀
読書と社会科学	内田義彦
文化人類学への招待◆	山口昌男
ビルマ敗戦行記	荒木進
プルトニウムの恐怖	高木仁三郎
日本の私鉄	和久田康雄
社会科学における人間	大塚久雄

女性解放思想の歩み	水田珠枝
沖縄ノート	大江健三郎
沖縄	比嘉春潮
民話	関敬吾
唯物史観と現代〔第二版〕	梅本克己
民話を生む人々	山代巴
米軍と農民	阿波根昌鴻
沖縄からの報告	瀬長亀次郎
結婚退職後の私たち	塩沢美代子
ユダヤ人◆	J-P・サルトル 安堂信也訳
社会認識の歩み◆	内田義彦
社会科学の方法	大塚久雄
自動車の社会的費用	宇沢弘文
上海	殿木圭一
現代支那論	尾崎秀実

(2023.7)　　◆は品切，電子書籍版あり．　(D4)

岩波新書より

心理・精神医学

子育ての知恵 幼児のための心理学　高橋惠子
モラルの起源　亀田達也
トラウマ　宮地尚子
自閉症スペクトラム障害　平岩幹男
だます心 だまされる心　安斎育郎
痴呆を生きるということ　小澤勲
純愛時代◆　大平健
精神病　笠原嘉
やさしさの精神病理　大平健
生涯発達の心理学　高橋惠子・波多野誼余夫
認識とパタン　渡辺慧
人間の限界　霜山徳爾
コンプレックス　河合隼雄
天才　宮城音弥
日本人の心理◆　南博
感情の世界　島崎敏樹

カラー版

カラー版 国芳　岩切友里子
カラー版 北斎　大久保純一
カラー版 知床・北方四島　大泰司紀之・本間浩昭
カラー版 西洋陶磁入門　大平雅巳
カラー版 すばる望遠鏡の宇宙　海部宣男・宮下曉彦 写真
カラー版 メッカ　野町和嘉
カラー版 シベリア動物誌　福田俊司
カラー版 ハッブル望遠鏡が見た宇宙　野本陽代・R・ウィリアムズ
カラー版 妖怪画談　水木しげる